Aprende a programar Python desde cero

Javier Portales

Todos los nombres propios de programas, sistemas operativos, etc. que aparecen en este libro son marcas registradas de sus respectivas compañías u organizaciones.

DEDICATORIA

La intención de este libro es facilitar la introducción a Python al máximo de personas posibles, por lo que te lo dedico a tí, lector.

CONTENIDO

AGRADECIMIENTOS

A cada persona que se ha cruzado en mi vida.

1. Introducción

En esta sección veremos las **características generales de Python**, se mencionarán conceptos que no conocerás si estás empezando en la programación, pero no te preocupes, a medida que avances se despejarán todas las dudas y entenderás todos los conceptos.

¿Qué es Python?

Python es un lenguaje de programación creado a principios de los 90 por Guido van Rossum, su nombre fue inspirado por el grupo comediante inglés "Monty Python", no está inspirado en la serpiente, como se puede llegar a pensar cuando se conoce por primera vez.

Si te preguntas **por que aprender Python**, la respuesta es muy simple, es un lenguaje de programación con una sintaxis, simple, clara y sencilla, lo cuál ofrece muchas facilidades para aprender a programar.

Pero eso no es todo, tiene un enorme potencial para proyectos de todo tipo, desde análisis de datos hasta crear páginas web, grandes corporaciones lo utilizan, como Google, la NASA, Instagram, entre muchos otros.

Lenguaje interpretado

Python es un **lenguaje interpretado**, también llamado lenguaje de script, significa que se ejecuta utilizando un intérprete, programa intermedio que se encarga de trasladar las ordenes al lenguaje que entienda el dispositivo sobre el que se ejecuta el programa.

Los lenguajes interpretados **no necesitan compilar el código para ejecutarlos**, a diferencia de los lenguajes compilados, lo cual nos ofrece una mayor facilidad para modificar nuestros programas y ejecutarlos sobre cualquier sistema que disponga del intérprete de Python.

Sin embargo, los lenguajes interpretados tienen una pequeña desventaja, son más lentos de ejecutar que los compilados.

Multiparadigma

Un paradigma viene a ser un modelo de desarrollo, es decir, como se compone nuestro código, **Python ofrece programación Imperativa, Funcional y Orientada a objetos.**

Como ya te especifiqué, más adelante entenderás estos conceptos, por ahora solo es una introducción a las características de Python.

Tipado dinámico

El concepto de tipado dinámico se refiere a que **no es necesario declarar el tipo de dato que contendrá una variable**, el tipo de dato se declara automáticamente durante la ejecución del código, dependiendo del valor que asignemos a la variable.

El tipo de dato de una variable **puede cambiar durante la ejecución del código**, por ejemplo, si le asignamos un número y posteriormente una cadena de texto en otro punto de nuestra aplicación, la variable pasará a ser de tipo numérico a tipo string (cadena de texto).

Existen retractores del tipado dinámico en un lenguaje de programación, sobre todo porque puede ocasionar errores no controlados, sin embargo, yo veo algo muy útil si se utiliza correctamente.

Fuertemente tipado

Hace referencia a que **no se puede tratar una variable como un tipo diferente al que tiene**, por ejemplo, si tenemos una cadena de texto no podemos sumarla a un número, ya que no corresponden los tipos de datos con la operación que estamos realizando.

La diferencia con otros lenguajes de programación es que el tipo de datos de la variable cambiaria automáticamente para adaptarse a la operación que estamos realizando, en Python esto no ocurre.

Multiplataforma

La gran ventaja de Python, es multiplataforma, el intérprete de Python lo podemos encontrar para prácticamente cualquier sistema operativo, esto nos ofrece la ventaja de adaptar nuestros programas a cualquier dispositivo sin ninguna o muy pequeñas modificaciones.

1. Instalación

La instalación de Python es muy sencilla, simplemente tenemos que ir a su web oficial y descargar el instalador de la última versión de Python.

Web: https://www.python.org/downloads/

Posteriormente lo instamos como si de cualquier programa se tratara.

Para comprobar que se ha instalado correctamente, debemos abrir una consola de sistema, en Windows ejecutaremos el CMD, y escribimos "python":

```
python
```

Mostrará la versión de Python instalada y el prompt de Python (>>>), aquí ya podemos escribir código Python.

Para salir de Python debemos escribir "exit()".

```
exit()
```

2. Herramientas

Se puede programar en cualquier editor de texto, incluso en el bloc de notas de Windows, pero existen programas específicos para programar, se llaman IDE, siglas en Ingles de Entorno de Desarrollo Integrado, son programas que nos facilitan mucho la programación y pruebas de código.

Existen multitud de IDE para Python, pero en este curso vamos a utilizar Visual Studio Code (VSCode), es gratuito y de los mejores, aunque sobre gustos no hay nada escrito y si estás familiarizado con otro IDE que admita Python puedes utilizarlo.

Lo primero que debes hacer es descargar VSCode desde su web oficial e instalarlo como cualquier programa con sus opciones por defecto.

Web: https://code.visualstudio.com/download

Una vez instalado VSCode debemos instalar la extensión para Python de VSCode, podemos instalarla desde el propio VSCode o directamente desde la siguiente web:

Web: https://marketplace.visualstudio.com/items?itemName=ms-python.python

Una vez realizado estas instalaciones ya tenemos nuestro entorno de Python preparado para empezar a programar, solo queda poner ganas y horas en nuestro aprendizaje.

Me diréis que existen más herramientas y por supuesto que existen, muchas de ellas muy útiles, pero no las necesitaremos en este curso y es mejor comenzar sin sobrecargar demasiado la información y el entorno que debemos controlar al principio, posteriormente podremos comenzar a utilizar las herramientas que necesitemos según nuestras necesidades individuales.

3. Primer programa

Ahora sí, vamos a escribir nuestro primer programa en Python, será el clásico "Hola Mundo", es muy sencillo y solo necesitamos escribir en nuestro código:

```
print("Hola Mundo")
```

Esta línea de código muestra por pantalla el texto "Hola Mundo" mediante la función "print", una función que muestra por pantalla el valor que le pasemos, pero más adelante veremos las funciones en profundidad.

En versiones anteriores de Python print funcionaba sin paréntesis, desde la versión 3 necesita utilizar paréntesis, tal vez hayas visto print sin paréntesis en algún lugar, pero ahora tendrás que usarlos.

¿Pero dónde lo escribimos? Veremos tres formas de ejecutar programas Python desde nuestro ordenador.

Ejecutar desde CMD

La primera forma es ejecutar código Python es **directamente desde el CMD de Windows**, solo tenemos que abrir el CMD de Windows, escribir "python", para acceder a la consola de Python, (como ya hicimos en la sección anterior para comprobar nuestra instalación) y escribir aquí nuestro código.

Pulsamos intro y se ejecuta nuestro código, mostrando por pantalla la cadena de texto que habíamos escrito, "Hola Mundo".

Ejecutar desde un archivo

Podemos **ejecutar código Python desde un archivo con extensión** ".py", para este ejemplo creamos en nuestro escritorio un archivo de texto y lo llamamos "main.py", puede tener cualquier nombre.

Dentro de nuestro archivo de texto escribimos nuestro código de Hola Mundo, podemos escribir con el bloc de notas de Windows por ahora.

Si hacemos **doble clic sobre este archivo** veremos que se cierra y no podemos ver el contenido, esto es porque el programa termina de ejecutarse y se cierra, para evitarlo añadimos "input()" a nuestro archivo, quedándose así su contenido:

```
print("Hola Mundo")

input()
```

Esta función se queda esperando que pulsemos Intro, cuando pulsemos se cerrará el programa, realmente tiene otro uso que veremos más adelante.

También podemos ejecutar este archivo Python desde el CMD de Windows, para ello solo debemos escribir "python main.py" estando dentro de la carpeta en la que tengamos nuestro archivo.

Como tenemos nuestro código en un archivo, no es necesario que abramos la consola de Python, simplemente ejecutando lo anterior se ejecuta el programa.

Ejecutar desde Visual Studio Code

Será la opción que utilizaremos durante casi todo el curso, es la forma más rápida de probar nuestros programas, directamente con el IDE en que estamos programando.

Lo primero es abrir VSCode, a continuación, arrastramos la carpeta donde hayamos guardado nuestro archivo "main.py" a nuestro editor, se nos creará automáticamente un nuevo proyecto con nuestro programa y VSCode ya detecta automáticamente que se trata de un proyecto Python.

Pulsamos sobre nuestro archivo "main.py" que veremos a la izquierda y se abrirá el contenido en VSCode.

Abajo a la derecha podemos ver que pone Python, ha detectado correctamente el lenguaje Python.

Ahora comprobamos nuestro programa, para ejecutar el código, solo debemos pulsar en el botón verde de arriba a la derecha, con forma de botón "Play".

Nuestro código se ejecutará y podemos ver el resultado en la ventana de abajo:

Desde ahora cada vez que hablemos de escribir código o ejecutar código será como hemos mencionado aquí, desde VSCode, escribiendo el código en esta ventana y ejecutando nuestro programa con el botón verde.

¡Enhorabuena! Acabas de conseguir tu primer programa en Python.

4. Comentarios

Los comentarios son **texto descriptivo que no se ejecuta**, es decir Python lo ignora completamente, sirve para especificar comentarios dentro del código y así tener una aclaración del contenido sin necesidad de tener que interpretar el código nosotros mismos, muy útil si otra persona revisa nuestro código o nosotros después de un tiempo.

Los comentarios pueden estar escritos en una sola línea o en más de una línea.

Para escribir comentarios en una sola línea, antecedemos el texto con "#", así Python ignora completamente el texto que hay tras la almohadilla en esta línea.

En el siguiente código no se ejecutaría las líneas que comienzan con almohadilla:

```
#Esto es un comentario, para indicar que esto escribe Hola Mundo

print("Hola Mundo")

#Esto para la ejecución esperando Intro

input()
```

Si ejecutamos el código anterior obtendremos "Hola Mundo":

```
Hola Mundo
```

Podemos escribir **comentarios que ocupen varias líneas** escribiendo el texto entre comillas triples:

```
"""

Esto es un comentario más

"""

print("Hola Mundo")

input()
```

Aunque los comentarios entre comillas triples son utilizados a este modo, **realmente no son comentarios**, son cadenas de texto que no están asignadas a ninguna variable, por lo que Python las ignora.

5. Variables

Una variable es un espacio en el sistema donde almacenamos información mediante un nombre simbólico para poder recuperarla.

La información que podemos guardar en ella es muy variada, como números, cadenas de texto, listas, etc.

En Python cuando declaramos una variable no indicamos su tipo, es decir, no indicamos si se trata de un número, una cadena de texto u otro formato, simplemente escribimos el nombre que vayamos a dar a la variable seguido de un "=" y el valor que queramos darle.

Por ejemplo, aquí declaramos una variable de tipo entero (número entero) y le damos el valor 10, posteriormente utilizamos la función print para ver en pantalla el valor de la variable mi_numero.

```
#Declaramos variable

mi_numero = 10

#Imprimimos las variables

print(mi_numero)
```

En el siguiente ejemplo hacemos lo mismo, pero con una variable de tipo string (cadena de texto).

```
#Declaramos variable

mi_texto = "15"

#Imprimimos las variables

print(mi_texto)
```

En Python **podemos asignar valor a diferentes variables de forma simultánea**, separando las variables y los valores por comas:

```
#Declaramos variable

mi_numero, mi_texto = 10, "15"


#Imprimimos las variables

print(mi_numero)

print(mi_texto)
```

El resultado es exactamente el mismo que si las declaramos de forma independiente:

```
#declaramos variable

mi_numero = 10

mi_texto = "15"


#Imprimimos las variables

print(mi_numero)

print(mi_texto)
```

Como habrás observado **la variable puede tener cualquier nombre**, aunque siempre debemos poner un nombre representativo al valor que va a contener. No admite Ñ, tildes y palabras propias de Python como nombre de variable.

6. Tipos básicos de datos

Los tipos básicos de datos en Python son tres, números, cadenas de texto y booleanos, algunos de ellos ya los hemos visto por encima durante el curso.

Números

Poco que decir sobre los números, creo que todos sabemos que es un número, en Python tenemos números enteros, reales y complejos.

Números Enteros

Los enteros son números positivos o negativos sin decimales, se representan en Python mediante el **tipo int y long** cuando son números muy grandes.

Cuando asignamos un número entero a una variable, esta pasa a ser de tipo int.

Con la siguiente función "type" podemos conocer el tipo de una variable.

```
#Declaramos variable

mi_entero = 18


#Comprobamos tipo de la variable, devuelve int

print(type(mi_entero))
```

Como veis hemos pasado la función type a la función print, esto es para pintar en pantalla el valor devuelto por la función type.

Resultado:

```
<class 'int'>
```

Números Reales

Los reales son números con decimales, se representan mediante el **tipo float**, los decimales se separan por punto.

```
#Declaramos variable

mi_decimal = 18.57


#Comprobamos tipo de la variable, devuelve float

print(type(mi_decimal))
```

Resultado:

```
<class 'float'>
```

Números Complejos

Son **números que tienen una parte imaginaria**, si has leído bien, la mayoría de los lenguajes de programación no disponen este tipo de dato.

El número complejo en Python se define como complex, son

números utilizados sobre todo para temas científicos, en este curso no los utilizaremos, pero que sepas que existen y como puedes ver su tipo.

Para declarar un número complejo se escribe una "j" tras el último digito:

```
#Declaramos variable

mi_complejo = 18.57j


#Comprobamos tipo de la variable, devuelve complex

print(type(mi_complejo))
```

Resultado:

```
<class 'complex'>
```

Cadenas

Las cadenas de texto, también llamadas **strings**, es texto que se escribe entre comillas.

Se pueden escribir **entre comillas simples o entre comillas triples**, la diferencia es que escrita entre comillas triples podemos escribir el texto en líneas diferentes y nos respetará los saltos de línea para pintarnos el texto.

```
#Declaramos las variables de texto

texto_simple = "Hola que tal"

texto_triple = """Hola buenas

Nueva linea

y otra mas"""


#Mostramos el resultado

print(texto_simple)

print(texto_triple)
```

Resultado:

```
Hola que tal

Hola buenas

Nueva linea

y otra mas
```

Cuando escribimos entre comillas simples, podemos **utilizar caracteres especiales** escapándolos con \ , por ejemplo podemos escribir \n para realizar un salto de línea.

```
#Declaramos las variables de texto

texto_simple = "Hola que tal \n nueva linea"


#Mostramos el resultado

print(texto_simple)
```

Resultado:

Hola que tal

nueva línea

Podemos **concatenar cadenas de texto** utilizando el signo + para unir varias cadenas de texto en una misma variable.

```
#Declaramos las variables de texto

texto_simple_1 = "Texto1"

texto_simple_2 = "Texto2"

textos_concatenados = texto_simple_1 + texto_simple_2


#Mostramos el resultado

print(textos_concatenados)
```

Resultado:

Texto1Texto2

Existen muchas más funcionalidades avanzadas que aprender sobre las cadenas de texto, pero para este curso tendremos con estas ya que son demasiadas y probablemente no usarás el resto de las funcionalidades salvo en ocasiones concretas.

Booleanos

Una variable de tipo booleano **solo puede tener dos valores**, Verdadero (True) o Falso (False), se utilizan mucho para los condicionales que veremos después, bucles y para valores devueltos por funciones.

Podemos declarar las variables con un valor dado, aunque también es el valor devuelto por operadores lógicos y de comparación, los cuales veremos en profundidad en la sección de Control de flujo.

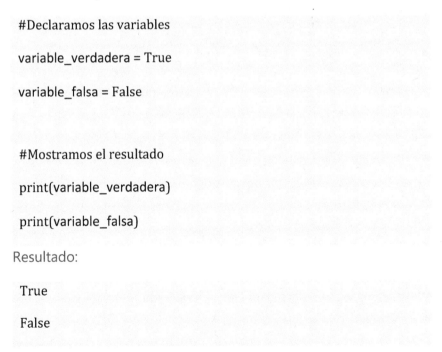

```
#Declaramos las variables

variable_verdadera = True

variable_falsa = False


#Mostramos el resultado

print(variable_verdadera)

print(variable_falsa)
```

Resultado:

```
True

False
```

7. Colecciones de datos

Las colecciones son un número de datos que tienen un significado compartido, se utilizan en programación para almacenar datos que tengan alguna relación entre ellos, como veremos a continuación.

Listas

Las listas **son un tipo de colecciones ordenadas**, en otros lenguajes de programación se les llama vectores o arrays, una lista en Python es su equivalente.

Pueden contener cualquier tipo de dato básico y también pueden contener otras listas.

Para declarar una lista se agrupan sus valores entre corchetes y se separa cada dato de la lista mediante una coma.

En este ejemplo creamos una variable llamada "lista" a la cual asignamos una lista que contiene un número entero (1), una cadena de text ("texto"), un booleano (False) y una lista que contiene dos enteros ([10, 11]).

```
lista = [1, "texto", False, [10,11]]
```

Para acceder a un elemento de nuestra lista, debemos indicar el índice del elemento entre corchetes, el primer elemento se identifica por el número 0, el segundo por el número 1 y así sucesivamente.

En este caso, queremos imprimir en pantalla el segundo elemento de nuestra lista, que es la cadena "texto", por lo que imprimimos el elemento número 1 de nuestra lista (recordamos que el primer elemento sería el 0).

```
lista = [1, "texto", False, [10,11]]

print(lista[1])
```

También podemos acceder a nuestra lista de forma inversa, indicando en el índice el último elemento de la lista, que sería -1, el penúltimo -2 y así sucesivamente, en este caso queremos imprimir el último elemento, la lista [10,11].

```
lista = [1, "texto", False, [10,11]]

print(lista[-1])
```

Pero en este ejemplo, imprimimos la lista entera que se guarda en este espacio ¿y si queremos imprimir únicamente el número 10 perteneciente a la lista del cuarto elemento?

Debemos indicar el valor de nuestra lista interna, por lo que primero indicamos en el índice el lugar del elemento en la lista exterior y posteriormente indicamos el índice de nuestra lista interior.

```
lista = [1, "texto", False, [10,11]]

print(lista[3][0])
```

En este ejemplo accedemos primero al índice 3 (la cuarta posición de la lista) y posteriormente al índice 0 de la lista interior, así se imprime el valor 10 en pantalla, podemos anidar tantas listas como queramos.

Pero aquí no acaba todo, podemos seleccionar un rango de nuestra lista indicando el número de índice de inicio y el número de fin (el número de índice indicado como fin no se incluye en la selección), el formato es lista[inicio:fin].

En este ejemplo vamos a indicar a nuestra lista que nos imprima desde el elemento con índice 0 hasta el índice 1, escribimos el 2 como índice de fin ya que este último no lo tiene en cuenta.

```
lista = [1, "texto", False, [10,11]]

print(lista[0:2])
```

En el ejemplo anterior imprime el número 1 y la cadena "texto", pero podemos ir más lejos e indicar un salto entre elecciones, en el siguiente caso vamos a indicar como fin el elemento número 3 y que tenga saltos de 2 en 2 en lugar de 1 en 1, con el formato lista[inicio:fin:salto].

```
lista = [1, "texto", False, [10,11]]

print(lista[0:3:2])
```

En este caso imprime 1 y False, ya que hemos indicado que tenga un salto de 2 entre cada elemento seleccionado.

Modificar listas

Para modificar un valor de una lista no es necesario modificar la lista entera, podemos modificar únicamente el elemento deseado, indicando el índice en lugar de la lista completa, continuando el ejemplo anterior vamos a modificar el valor del primer elemento que es 1 y modificarlo a 2.

```
lista = [1, "texto", False, [10,11]]

lista[0] = 2

print(lista[0])
```

Ahora lista[0] vale 2 en lugar de 1.

Si queremos **añadir un nuevo elemento al final de nuestra lista**, lo realizamos con el método append, de la siguiente forma añadimos la cadena "Hola" al final de nuestra lista.

```
lista = [1, "texto", False, [10,11]]

lista.append("Hola")

print(lista)
```

El resultado queda así:

```
[1, 'texto', False, [10, 11], 'Hola']
```

Pero también podemos **eliminar cualquier elemento de la lista** mediante su índice con el método pop, en este caso vamos a eliminar el elemento False, que corresponde al índice 2.

```
lista = [1, "texto", False, [10,11]]

lista.pop(2)

print(lista)
```

El resultado es nuestra lista sin el elemento False:

```
[1, 'texto', [10, 11]]
```

Tuplas

Se parecen mucho a las listas, hasta el punto de que **todo lo explicado a las listas es aplicable a las tuplas**, pero de definen de forma distinta, en lugar de entre corchetes se definen entre paréntesis.

```
tupla = (1, "texto", False, [10,11])

print(tupla)
```

Realmente el constructor de la tupla no son los paréntesis, son las comas, no es necesario meter los elementos entre paréntesis para declarar una tupla, pero es la forma correcta de hacerlo.

Si os fijáis, el resultado con paréntesis y sin ellos es el mismo.

```
tupla = (1, "texto", False, [10,11])

tupla_2 = 1, "texto", False, [10,11]

print(tupla)

print(tupla_2)
```

Resultado:

```
(1, 'texto', False, [10, 11])

(1, 'texto', False, [10, 11])
```

Para acceder a los elementos de las tuplas se realiza exactamente igual que con las listas, con la excepción de que las tuplas no son mutables, es decir no podemos añadir, eliminar ni modificar sus elementos.

Su utilidad se centra en que **son mucho más rápidas en ejecución que las listas**, por lo que, si los elementos de una lista no vamos a modificarlos tras su declaración, es conveniente utilizar una tupla.

Diccionarios

También llamados matrices asociativas, **son colecciones que declaran una clave y un valor.**

Un diccionario se define entre llaves, separando cada conjunto por comas y separando por dos puntos cada clave y valor.

Por ejemplo, podemos tener un diccionario que haga mención a una persona, guardando su nombre, apellido y cualidades, como vemos admite listas en los valores.

```
diccionario = {"nombre" : "Javier", "apellido" : "Portales", "cualidades"
: ["Alto", "Moreno"]}
```

Para acceder a un elemento del diccionario lo hacemos llamando al diccionario e introduciendo la clave entre corchetes, por ejemplo, si queremos imprimir el nombre.

```
diccionario = {"nombre" : "Javier", "apellido" : "Portales", "cualidades"
: ["Alto", "Moreno"]}

print(diccionario["nombre"])
```

El resultado es:

```
Javier
```

En nuestro diccionario tenemos una lista, para acceder a ella utilizamos los índices, como si de una lista normal se tratara, el siguiente ejemplo imprimirá "Alto".

```
diccionario = {"nombre" : "Javier", "apellido" : "Portales", "cualidades"
: ["Alto", "Moreno"]}

print(diccionario["cualidades"][0])
```

Modificar diccionarios

Podemos **modificar los valores de un diccionario** con el símbolo de asignación, como en cualquier variable, en el siguiente ejemplo modificaremos el valor de la clave "nombre" de Javier a Pepe.

```
diccionario = {"nombre" : "Javier", "apellido" : "Portales", "cualidades" : ["Alto", "Moreno"]}

diccionario["nombre"] = "Pepe"

print(diccionario["nombre"])
```

El resultado es "Pepe".

Los diccionarios son mutables, podemos **añadir elementos al diccionario** mediante el método setdefault, incluyendo clave y valor.

En este caso añadimos un elemento que tiene edad como clave y 30 como valor.

```
diccionario = {"nombre" : "Javier", "apellido" : "Portales", "cualidades" : ["Alto", "Moreno"]}

diccionario.setdefault("edad",30)

print(Diccionario)
```

El resultado es:

```
{'nombre': 'Javier', 'apellido': 'Portales', 'cualidades': ['Alto', 'Moreno'], 'edad': 30}
```

También podemos **eliminar elementos de un diccionario** mediante el método pop, le pasamos la clave y elimina el elemento del diccionario, en este ejemplo vamos a eliminar el elemento cualidades.

```
diccionario = {"nombre" : "Javier", "apellido" : "Portales", "cualidades" : ["Alto", "Moreno"]}

diccionario.pop("cualidades")

print(Diccionario)
```

Resultado:

```
{'nombre': 'Javier', 'apellido': 'Portales'}
```

Conjuntos

Los conjuntos **son colecciones desordenadas de elementos únicos.**

Un conjunto lo podemos definir vacío mediante su clase set() o ya con datos entre llaves.

```
conjunto_vacio = set()

conjunto_datos = {1, 2, 3, 4, 5}

print(conjunto_vacio)

print(conjunto_datos)
```

Un conjunto **no puede tener elementos duplicados**, si creamos o añadimos el mismo valor a un conjunto, solo se mantendrá una vez, aquí añadimos el 2 varias veces, si imprimimos el conjunto solo contiene un número 2.

```
conjunto = {2, 2, 2}

print(conjunto)
```

Resultado:

```
{2}
```

Podemos **añadir nuevos elementos a un conjunto** mediante el método add(), en este caso añadimos el número 3 a nuestro conjunto ya creado:

```
conjunto = {1, 2}

conjunto.add(3)

print(conjunto)
```

Se les llama desordenadas porque **no podemos ordenar los datos en su interior**, se ordenan automáticamente de menor a mayor.

Podemos saber si existe un elemento en un grupo mediante in:

```
conjunto = {1, 2}

print(2 in Conjunto)
```

Como 2 existe en el conjunto devuelve True, si no existiera devolvería False.

Son **muy útiles para eliminar elementos duplicados de una lista,** como no puede tener elementos duplicados, si convertimos una lista a conjunto automáticamente se eliminan todos los duplicados.

```
lista_numeros = [1, 2, 3, 5, 5, 3, 6]


#Convertimos lista a conjunto, Conjunto se queda sin duplicados

conjunto = set(lista_numeros)


#Volvemos a convertir el conjunto a lista

lista_numeros = list(conjunto)


print(lista_numeros)
```

Resultado:

[1, 2, 3, 5, 6]

8. Operadores

Python dispone de una serie de operadores matemáticos y lógicos, aquí los veremos.

Operadores aritméticos

Los **operadores aritméticos en Python** son los siguientes, se utilizan como operadores numéricos para efectuar operaciones:

Suma +

Una suma, no tiene mucho que explicar, sirve para sumar dos números de cualquier tipo.

```
#Declaramos variable realizando una operación

mi_suma = 2 + 5

#Mostramos el resultado

print(mi_suma)
```

Resultado:

```
7
```

Resta −

Se utiliza para restar, volvemos a crear una variable, guardamos en ella el resultado de una resta y lo pintamos por pantalla.

```
#Declaramos variable realizando una operación

mi_resta = 8 - 5

#Mostramos el resultado

print(mi_resta)
```

Resultado:

3

Multiplicación *

Multiplica dos números.

```
#Declaramos variable realizando una operación

mi_multiplicacion = 8 * 5

#Mostramos el resultado

print(mi_multiplicacion)
```

Resultado:

40

Exponente **

Calcula el exponente indicado de un número.

```
#Declaramos variable realizando una operación

mi_exponente = 8 ** 5

#Mostramos el resultado

print(mi_exponente)
```

Resultado:

32768

División /

Divide un número entre otro, si el resultado contiene decimales también los devuelve.

```
#Declaramos variable realizando una operación

mi_division = 5 / 2

#Mostramos el resultado

print(mi_division)
```

Resultado:

2.5

División Entera //

Divide un número entre otro, pero como resultado solo devuelve la parte entera, no devuelve los decimales.

```
#Declaramos variable realizando una operación

mi_division = 5 // 2

#Mostramos el resultado

print(mi_division)
```

Resultado:

2

Módulo %

El operador módulo devuelve el resto resultante de una división.

```
#Declaramos variable realizando una operación

mi_modulo = 5 % 2

#Mostramos el resultado

print(mi_modulo)
```

Resultado:

1

Negación –

Se utiliza para cambiar el signo de un número.

```
#Declaramos variable realizando una operación

mi_negado = -5

#Mostramos el resultado

print(mi_negado)
```

Resultado:

```
-5
```

Operadores de asignación

Es un buen momento para explicar los operadores de asignación, los cuales sirven para **dar valor a una variable**, durante el curso ya hemos utilizado el operador igual "=", por lo que podéis intuir su funcionamiento, aunque hay más tipos.

Como veremos la mayoría **son una forma simplificada de utilizar los operadores aritméticos** vistos anteriormente.

Operador =

El operador = **asigna el valor de su derecha a la variable de su izquierda**, por ejemplo, en este caso, asignamos a la variable x el valor 5, si imprimimos por pantalla la variable x su valor es 5.

```
x = 5

print(x)
```

Operador +=

Este operador **suma el valor de su derecha a la variable de su izquierda**, por ejemplo, tenemos x la cual hemos asignado el valor 5, posteriormente le sumamos 2 con el operador +=, por lo que ahora x vale 7.

```
x = 5

x += 2

print(x)
```

Operador -=

Este operador **resta el valor de su derecha a la variable de su izquierda**, por ejemplo, tenemos x la cual hemos asignado el valor 5, posteriormente le restamos 2 con el operador -=, por lo que ahora x vale 3.

```
x = 5

x -= 2

print(x)
```

Operador *=

Este operador **multiplica el valor de su derecha a la variable de su izquierda**, por ejemplo, tenemos x la cual hemos asignado el valor 5, posteriormente le multiplicamos por 2 con el operador *=, por lo que ahora x vale 10.

```
x = 5

x *= 2

print(x)
```

Operador /=

Este operador **divide el valor de su izquierda entre el valor de su derecha**, por ejemplo, tenemos x la cual hemos asignado el valor 5, posteriormente le dividimos entre 2 con el operador /=, por lo que ahora x vale 2.5.

```
x = 5

x /= 2

print(x)
```

Operador **=

Este operador **calcula el exponente de la derecha sobre el valor de la izquierda**, por ejemplo, tenemos x la cual hemos asignado el valor 5, calculamos el exponente 2 (x^2) con el operador **=, por lo que ahora x vale 25.

```
x = 5

x **= 2

print(x)
```

Operador //=

Este operador divide el valor de su izquierda entre el valor de su derecha y devuelve el resultado sin decimales, por ejemplo, tenemos x la cual hemos asignado el valor 5, posteriormente le dividimos entre 2 con el operador //=, por lo que ahora x vale 2, devuelve la división entera, por lo que elimina los decimales.

```
x = 5

x //= 2

print(x)
```

Operador %=

Este operador divide el valor de su izquierda entre el valor de su derecha y devuelve el el resto de la operación, por ejemplo, tenemos x la cual hemos asignado el valor 5, posteriormente le dividimos entre 2 con el operador %=, por lo que ahora x vale 1, devuelve el resto.

```
x = 5

x %= 2

print(x)
```

Operadores Relacionales

Los operadores relacionales comparan dos valores y devuelven un booleano True o False dependiendo si la comparación es correcta o incorrecta, se utilizan para definir el control de flujo por lo que vamos a conocerlos.

En Python existen los siguientes operadores relacionales:

Igual a: ==

Devuelve True si el valor a y b son iguales, en caso contrario devuelve False.

Ejemplo, damos a la variable a el valor 7 y comparamos con el número 7, devuelve True porque son iguales y la comparación es afirmativa.

```
a = 7

print(a == 7)
```

Resultado:

```
True
```

Sin embargo, si lo comparamos con 5 devuelve False.

```
a = 7

print(a == 5)
```

Resultado:

False

Distinto a: !=

Devuelve True si el valor a y b son distintos.

Ejemplo, damos a la variable a el valor 7 y comparamos con el número 5, devuelve True porque no son iguales y la comparación es correcta.

```
a = 7

print(a != 5)
```

Resultado:

True

Sin embargo, si lo comparamos con el 7 devuelve False, porque son iguales.

```
a = 7

print(a != 7)
```

Resultado:

False

Mayor que: >

Devuelve True si a es mayor que b.

Ejemplo, damos a la variable a el valor 7 y comparamos con el número 5, devuelve True por que 7 es mayor que 5.

```
a = 7

print(a > 5)
```

Resultado:

```
True
```

Si comparamos con 9 devuelve False, porque 7 no es mayor que 9.

```
a = 7

print(a > 9)
```

Resultado:

```
False
```

Menor que: <

Devuelve True si a es menor que b.

Ejemplo, damos a la variable a el valor 7 y comparamos con el número 9, devuelve True por que 7 es menor que 9.

```
a = 7

print(a < 9)
```

Resultado:

```
True
```

Pero si comparamos con el 5 devuelve False, porque 7 no es menor que 5.

```
a = 7

print(a < 5)
```

Resultado:

```
False
```

Mayor o igual que: >=

Devuelve True si a es mayor o igual que b.

Ejemplo, damos a la variable a el valor 7 y comparamos con el número 7, devuelve True por que 7 es igual a 7, si comparamos con 5 también devuelve True, porque 7 es mayor que 5.

```
a = 7

print(a >= 7)
```

Resultado:

True

Si comparamos con un número mayor que 7, devuelve false.

```
a = 7
print(a >= 9)
```

Resultado:

False

Menor o igual que: <=

Devuelve True si a es menor o igual que b.

Ejemplo, damos a la variable a el valor 7 y comparamos con el número 7, devuelve True por que 7 es igual a 7, si comparamos con 9 también devuelve True, porque 7 es menor que 9.

```
a = 7
print(a <= 7)
```

Resultado:

True

Pero si comparamos con un número menor que 7 devuelve False.

```
a = 7

print(a <= 5)
```

Resultado:

False

Operadores lógicos

Los operadores lógicos, también llamados operadores condicionales, son otra parte fundamental para el control de flujo en Python, nos **permiten relazar comparaciones entre booleanos para tomar una decisión**, comparan booleanos para devolver True o False en comparación del resultado de ellos.

Operador AND

El operador AND devuelve True si la condición de su lado izquierdo y derecho se cumplen, es decir si ambos valores son True.

```
print(True and True)
```

Devuelve True.

```
True
```

Si uno o ambos valores son False, devuelve False.

```
print(False and True)
```

Devuelve False.

```
False
```

Operador OR

El operador OR devuelve True si uno o ambos valores es True, a diferencia de AND, el operador OR solo necesita que uno de los valores sea True para devolver True.

```
print(False or True)
```

Resultado True.

```
True
```

Solo devuelve False en caso de que ambos valores sean False.

```
print(False or False)
```

Resultado False.

```
False
```

Operador NOT

El operador NOT devuelve siempre el valor contrario al booleano.

Es decir, un not True devuelve False.

```
print(not True)
```

Resultado:

```
False
```

Y un not False devuelve True.

```
print(not False)
```

Devuelve:

```
True
```

9. Control de flujo

El control de flujo se utiliza para que un programa pase de ser una secuencia lineal de instrucciones a un programa que interactúe con los datos proporcionados o acciones del usuario, para que se comporte de una forma u otra, dependiendo de cada condición programada.

Condicionales

Los condicionales son una parte esencial del código, ya que **nos permite controlar si se cumple una condición dada**, para que nuestro programa actué en función de ello, aquí entra en juego los operadores vistos anteriormente.

if

Es la estructura más simple de un condicional, proviene del inglés si, el funcionamiento se puede traducir en "si se cumple X condición, ejecuta X código".

Por ejemplo, en el siguiente ejemplo, queremos que se imprima "Hola" únicamente en el caso de que x sea igual a 7.

```
x = 7


if x == 7:

        print("Hola")
```

Cómo veis se escribe if, seguido de la condición a cumplir y finalizando con dos puntos ":"

Si se cumple la condición se ejecutará el código que contiene nuestro if, en este caso print("Hola"), si no se cumple la condición no se ejecutará, en este caso x es igual a 7, por lo que devuelve un True, if al recibir un True (se cumple la condición) ejecuta su contenido.

Seguro que habéis visto que la función print está tabulada a la derecha, esto es una característica de Python, para indicar que un bloque de código está dentro de otro bloque, se tabula a la derecha.

En este caso, tenemos el bloque de código principal (el contenido que está pegado al margen izquierdo) y el bloque de código del if (el contenido con una tabulación), pero **podemos tabular tantas veces necesitemos para crear nuevos bloques de código**, por ejemplo, podemos poner otro if dentro del primer if, para lo cual debemos crear un nuevo bloque tabulando:

```python
x = 7

y = 5


if x == 7:

    print("Hola")

    if y != 7:

        print("Hola de nuevo")
```

En el caso anterior, solo llega al segundo if en el caso de que se cumpla el primer if (ya que está dentro del primero), si se cumple el primer if ejecuta el primer print y luego comprueba si se cumple el segundo if, para ejecutar el último print o no hacerlo.

if ... else

Similar al anterior, se puede traducir "si se cumple X condición ejecuta X código, si no se cumple ejecuta el código Y" , else viene del inglés si no (en caso contrario).

Si se cumple la condición del if se ejecuta el código dentro del if, si no se cumple la condición del if, se ejecuta el código dentro del else.

Siguiente nuestro ejemplo anterior, si X es igual a 7 se ejecutaría el interior del if, pero como X no es igual a 7, no se ejecuta el contenido del if, por lo que se ejecuta el contenido del else.

```
x = 5


if x == 7:

        print("Hola con 7")

else:

        print("Hola diferente de 7")
```

Por supuesto el último ejemplo podíamos hacerlo con un if que compruebe si X es igual a 7 y otro if que compruebe si X es diferente a 7, pero Python ofrece estas extensiones a los condicionales (al igual que la mayoría de los lenguajes de programación) para hacernos la vida más fácil.

if ... elif ... else

Viene a significar, "si se cumple X ejecuta el código X, si no y se cumple Y ejecuta el código Y, si no ejecuta el código Z".

No es nada complicado, se ve mejor con un ejemplo, Python realiza la comprobación del primer if, si se cumple termina la interacción y ejecuta el interior del primer if.

Si no se cumple el primer if, comprueba si se cumple el elif, si se cumple ejecuta el código del elif y termina la interacción.

Si no se cumple nada ejecuta el contenido del else (puede tener varios elif entre el if inicial y el else).

```
x = 7

y = 5


if x == 4:

        print("Hola if")

elif y == 5:

        print("Hola elif")

else:

        print("Hola else")
```

A if C else B

Existe una forma compacta de escribir un if else inline, en una única línea, se puede utilizar para dar valor a una variable, pero su funcionamiento es un poco distinto.

Tenemos dos opciones a devolver por el conjunto, la variable A o la variable B, en el caso que se cumpla la condición C se devuelve la variable A, en el caso que no se cumpla la condición se devuelve la variable B.

Lo veremos con un ejemplo, en este caso tenemos la variable Edad, queremos guardar en una nueva variable llamada MayorDeEdad el valor "Si" si la edad es igual o mayor a 18 y el valor "No" si la edad es menor a 18 años.

De esta forma podemos indicarlo con este constructor, en el ejemplo la variable mayor_de_edad se quedará con el valor "Si", ya que la variable edad es 19 y se cumple la condición.

```
edad = 19

mayor_de_edad = "Si" if edad >= 18 else "No"

print(mayor_de_edad)
```

Bucles

Los bucles **nos permiten ejecutar un mismo fragmento de código mientras se cumpla una condición,** existen dos tipos de bucles en Python que veremos ahora.

while

El bucle while, del inglés mientras, ejecuta el código que contenga en su interior mientras se cumpla la condición dada en la línea de declaración del bucle.

Observa este fragmento de código:

```
contador = 0


while contador < 10:
        print ("Contador: " + str(contador))
        contador = contador + 1
```

Creamos una variable llamada contador, con valor 0.

Declaramos un bucle while, como condición que la variable Contador sea menor que 10.

Dentro del bucle imprimimos el valor de la variable contador, la función str devuelve el tipo de la variable Contador modificado a tipo cadena, ya que contador es un entero y no podemos concatenarlo a una cadena de texto ("contador: "), recordemos que Python es fuertemente tipado.

Posteriormente se suma 1 a la variable contador, por lo que pasa a tener valor 1.

Este ciclo dentro del bucle se repite hasta que contador tenga valor 10, cuando no se cumple la condición y se sale del bucle.

El resultado del anterior bucle sería:

Contador: 0

Contador: 1

Contador: 2

Contador: 3

Contador: 4

Contador: 5

Contador: 6

Contador: 7

Contador: 8

Contador: 9

Esto no es más que **un pequeño ejemplo de todas las posibilidades de un bucle,** si queremos hacer un bucle que se repita mientras esperemos una acción concreta, podemos poner como condición una variable que tenga el valor True (booleano), se repetirá hasta que le demos a la variable el valor False.

Como añadido al ejemplo anterior y aunque nada tenga que ver con los bucles, podemos escribir el mismo código concatenando el print con una coma en lugar de con el signo +, esto es posible porque la función print admite variables de diferente tipo y las imprime por pantalla sin necesidad de concatenarlas, en este caso le estamos pasando a la función dos valores independientes y print se encarga del resto.

```
contador = 0


while contador < 10:

        print ("Contador: ", contador)

        contador = contador + 1
```

for ... in

El bucle for in es una pequeña maravilla de Python, los que vengáis de otros lenguajes de programación veréis que el funcionamiento es algo diferente.

En Python el bucle for in se utiliza para recorrer secuencias, veremos el ejemplo con una lista:

```
colores = ["Blanco", "Negro", "Amarillo", "Verde", "Azul"]


for color in colores:

        print(color)
```

En este código en Python, tenemos una lista llamada colores, con varias cadenas de texto en su interior.

Declaramos el bucle for in, indicando primero una nueva variable, que hemos llamado color, que irá recogiendo cada elemento de la lista uno a uno, después del in colocamos la variable de nuestra lista inicial.

En cada iteración del bucle la variable color tendrá un nuevo valor de nuestra lista colores, empezando por el valor Blanco y terminando por el valor Azul, cuando recorre toda la lista sale del bucle automáticamente.

El resultado sería:

Blanco

Negro

Amarillo

Verde

Azul

10. Funciones

Las funciones **son fragmentos de código al cuál podemos llamar de forma independiente desde cualquier punto de nuestra aplicación**, una función siempre devuelve un valor indicado en la propia función, si no se indica ningún valor a devolver Python devuelve None (nada, equivalente a null) por defecto.

En otros lenguajes de programación existen procedimientos, son como funciones pero que no devuelven ningún valor, **en Python no existen procedimientos**, como vemos en el párrafo anterior siempre devuelven un valor, aunque no lo indiquemos en el código.

Se utilizan para estructurar el código dividendo este por partes, en lugar de tener todo el código de forma secuencial en nuestro programa. Además, una función la podemos utilizar cuantas veces queramos en nuestro código, sin necesidad de escribir todo el código que contiene de nuevo.

¿Recordáis que Python es multiparadigma? Lo visto hasta ahora se utiliza para programación imperativa y ahora veremos la programación funcional, se basa en casi su totalidad en el uso de funciones para desarrollar la aplicación, aunque Python no es funcional puro, tiene muchas características de este tipo de lenguajes.

Declaración y llamadas de funciones

Una función se declara así:

```
def hola():

        print("Hola Mundo")
```

def indica que vamos a declarar una función, hola es el nombre que hemos dado a nuestra función y los paréntesis siempre deben estar, en el se incluyen los parámetros como veremos más adelante, posteriormente se escribe dentro el código que va a ejecutar esta función al ser llamada.

Para llamar a la función simplemente escribimos su nombre en el código, junto a los paréntesis.

```
def hola():

        print("Hola Mundo")


hola()
```

Aquí hemos llamado a nuestra función hola, por lo que ejecuta el código de su interior, en este caso imprime Hola Mundo.

Retorno de valores

Las funciones pueden devolver valores al proceso principal con la instrucción **return**, podemos devolver cualquier tipo de dato.

El valor devuelto se puede tratar en nuestro código directamente como el tipo de dato que tuviera dentro de la función, es decir, si pasamos una lista al return, la función devolverá un tipo de dato lista, que podemos utilizar con sus características.

Observar cómo creamos una función llamada **Lista** que devuelve una lista con cuatro cadenas de texto, podemos pasar directamente a un print indicando el valor a imprimir.

```
def lista():

        return ["Uno","Dos","Tres","Cuatro"]


resultado = lista()[1]


print(resultado)
```

En este ejemplo la función devuelve una lista, asignamos a la variable **resultado** la posición 1 de la lista, por lo que cuando imprimimos la variable **resultado** el resultado es "Dos".

Cabe destacar que igualmente podemos asignar a la variable la lista tal cual la devuelve el return, para disponer del dato completo.

```
def lista():

        return ["Uno","Dos","Tres","Cuatro"]


resultado = lista()


print(resultado)
```

Retorno múltiple

Podemos devolver varios valores en una función, tan solo debemos separarlos por comas en el return, cuando devolvemos datos de esta forma, obtenemos una tupla como resultado.

```
def multiple():

        return "Cadena", 10, True, [10,11]


resultado = multiple()


print(resultado[1])
```

En este ejemplo guardamos el return de la función en la variable resultado, ahora tenemos una tupla, como vemos si imprimimos la posición número 1 se imprime el valor 10.

También podemos guardar cada valor devuelto en una variable independiente, conociendo las características de las tuplas.

```
def multiple():

    return "Cadena", 10, True, [10,11]
```

```
cadena, numero, booleano, lista = multiple()
```

```
print(numero)
```

Envío de valores

Igual que recibimos valores de una función, **debemos poder enviar valores a las funciones**, para comunicarnos con ella.

Cuando definimos la función, debemos especificar los **parámetros** que recibirá la función y cuando llamamos a la función debemos pasarle los **argumentos** (valores) que espera nuestra función.

```
def multiplicar(x, y): #declaración de función con parámetros

    return x * y
```

```
resultado = multiplicar(5,2) #Llamada a la función pasando
argumentos
```

```
print(resultado)
```

El ejemplo anterior llama a la función multiplicar pasando dos argumentos, la función multiplica los dos números y devuelve el resultado.

Los argumentos se pasan por posición por de defecto, es decir en nuestro ejemplo anterior dentro de la función, x valdrá 5 e y valdrá 2.

También **podemos pasar los argumentos por nombre,** especificando que parámetro será cada uno, no importando el orden en este caso:

```python
def multiplicar(x, y): #declaración de función con parámetros

        return x * y


resultado = multiplicar(y=5,x=2) #Llamada a función pasando
argumentos


print(resultado)
```

Siempre debemos pasar a una función los argumentos que espera, si una función espera dos argumentos y solo recibe uno, ninguno, o más de 2 nuestra aplicación dará un error.

Para que una función permita que no le pasemos algún argumento, debe tener especificada **parámetros por defecto.**

En este caso el parámetro y tiene por defecto el valor 1, por lo que, si no enviamos el argumento correspondiente a y, tendrá valor 1 y no dará error.

```
def multiplicar(x, y=1): #Declaración de función con parámetros y
valor por defecto

    return x * y


resultado = multiplicar(5) #Llamada a función pasando único
argumento


print(resultado)
```

Argumentos variables

Existen casos que no sabemos si una función va a tener que recibir dos argumentos o diez, para ello existen un tipo de **parámetros que admiten un número indeterminado de valores.**

Si en la definición de la función **precedemos el parámetro con un asterisco**, indicamos que no es un parámetro obligatorio y que además puede contener un número indeterminado de valores, pudiendo pasar ningún valor o cinco valores, **estamos pasando una tupla** en realidad.

En el siguiente ejemplo tenemos un parámetro normal llamado x y el parámetro *varios, el primer argumento debemos pasarlo obligatoriamente, ya que se trata de un parámetro normal, a continuación, podemos pasar o no pasar más argumentos que corresponderían a *varios.

```
def imprimir(x, *varios):

    for uno in varios:

        print(uno)


imprimir(5)


imprimir(5,1,2,3)
```

Observar como en la primera llamada a la función imprimir no imprime nada, ya que solo imprime el contenido del parámetro *varios, en la segunda llamada imprime el 1, 2 y 3.

Tenemos otra forma de pasar varios argumentos sobre un único parámetro, y es **precediendo el parámetro con dos asteriscos**, de esta forma lo que pasemos como argumentos será tratado como un diccionario.

Para pasar los argumentos debe hacerse mediante "**clave = valor**" por cada argumento a pasar, lo cual se convertirá en un diccionario dentro de la función.

```
def imprimir(**varios):

        print(varios)


imprimir(nombre = "Javier", apellido = "Portales")
```

Si ejecutamos el código anterior nos imprime un diccionario, el cual podemos tratar mediante sus propias características.

{'nombre': 'Javier', 'apellido': 'Portales'}

Ámbito de las variables

Ahora que conocemos como funcionan las funciones, vamos a ver como tratan las variables.

Lo primero que debemos conocer es que **una variable declarada dentro de una función no existe fuera** de ella.

#La función x no existe fuera de la función, daría error al ejecutar este código

def mi_funcion():

       x = "Hola"

mi_funcion()

print(x)

Sin embargo, una variable declarada fuera de la función, que esté al mismo nivel, si existe dentro de la función.

#La variable x está declarada al mismo nivel de la función y antes de llamar a la función, funciona correctamente

x = "Hola"

def mi_funcion():

    print(x)

mi_funcion()

Si volvemos a declarar la variable x dentro la función, **se crea una copia con el valor asignado dentro de la función**, la cual funciona únicamente dentro de la función.

Como vemos si asignamos un valor 2 a la variable x fuera de la función y un valor 1 dentro de la función, al imprimir sus valores dentro de la función es 1 y fuera es 2.

x = 2

def mi_funcion():

    x = 1

    print(x)

```
mi_funcion()

print(x)
```

Pero existe una forma de modificar una variable externa a la función directamente desde la propia función, es con la instrucción global, observar como en el mismo ejemplo anterior modifica el valor de x fuera de la función:

```
x = 2


def mi_funcion():

        global x

        x = 1

        print(x)


mi_funcion()

print(x)
```

Paso de variables por valor y referencia

Cuando pasamos un valor a una función como parámetro pueden ocurrir dos cosas **dependiendo del tipo de dato**, que pasemos el **valor de la variable**, es decir una copia de la misma independiente dentro de la función o que **pasemos la referencia**, es decir pasamos directamente la variable y le afectarán los cambios realizados sobre ella.

Paso por valor

Se pasan por valor los tipos básicos de datos, números, cadenas, etc.

Como vemos en este ejemplo, pasamos una variable a la función como argumento, la variable x con valor 2.

La función suma 2 a este parámetro recibido, pero **como es un número entero y se ha pasado por valor, los cambios no tienen efecto sobre la variable** x, la cual sigue teniendo valor 2.

```python
def sumar(num):

    num += 2


x = 2
sumar(x)
print(x)
```

Paso por referencia

Sin embargo, las colecciones, como las listas, se pasan por referencia y los cambios que efectuemos sobre la variable dentro de la función se mantendrán fuera de ella.

En este caso tenemos la lista x con el valor "Uno" y "Dos" fuera de la función, creamos una función que añade un nuevo valor "Tres", vemos que **al salir de la función la variable x ha mantenido los** cambios.

```python
def funcion(list):

        list.append("Tres")


x = ["Uno", "Dos"]

funcion(x)

print(x)
```

Funciones recursivas

Las funciones recursivas **se llaman a sí mismas**, su funcionamiento es similar a los bucles, pero hay que tener en cuenta que debemos controlar por código cuando debe parar la función, de lo contrario entraremos en un bucle infinito.

Un ejemplo muy sencillo es una cuenta atrás, esta función espera un argumento de tipo numérico, irá imprimiendo una cuenta atrás desde el número recibido hasta llegar a cero, llamándose a sí misma.

```
def cuenta(num):

        num -= 1

        if num > 0:

                print(num)

                Cuenta(num)

        else:

                print("Fin")


cuenta(10)
```

Funciones de orden superior

Este concepto se refiere al uso de funciones como si de un valor más se tratara, es decir pasar una función como argumento a otra función o devolviendo una función como valor de retorno.

Las funciones en Python también son objetos, bueno, en Python todo son objetos, esto le da esta gran libertad y permisivismo.

Python nos permite hacer estas maravillas, fijaos que creamos la función **opciones** que admite un parámetro, dentro creamos las funciones **opcion_1** y **opcion_2**, cada una imprime una cadena de texto.

Creamos un diccionario llamado **seleccionar_opcion**, con el valor que vamos a pasar a la función como clave y los nombres de las funciones como valor.

Devolvemos el valor del diccionario marcando como clave el valor pasado a la función **opciones**.

Esto hace que nuestra función **opciones** devuelva una de sus dos funciones interiores al llamarla, dependiendo del número pasado como argumento.

En este ejemplo vemos cómo podemos llamar la función de dos formas diferentes, la primera guardamos la función en una variable f, ahora f es la función **opcion_2**, llamamos la función f e imprime su contenido.

La segunda impresión llamamos la función directamente, sin guardarla en una variable antes, tiene doble paréntesis porque los primeros que encierran el 2 forman parte de la función en sí y los segundos paréntesis son los de la llamada.

```python
def opciones(opt):

    def opcion_1():

    print("Opcion 1")


def opción_2():

    print("Opcion 2")


    seleccionar_opcion = {1: Opcion1, 2: Opcion2}


    return seleccionar_opcion[opt]


#Primera impresión de Opcion 1

f = opciones(2)

f()

#Segunda impresión de Opcion 2

opciones(2)()
```

Funciones Lambda

Si te preguntas que son las funciones Lambda es muy fácil, **son funciones anónimas** in line, es decir, no podrán ser referenciadas más tarde.

Se pueden utilizar para asignar una función a una variable y su forma es escribir la instrucción lambda seguida de sus parámetros separados por comas, dos puntos (:) y la expresión de la función (está restringida por una sola expresión).

En este ejemplo creamos una variable llamada cuadrado y le asignamos la función lambda que eleva el número que pasemos al cuadrado, después llamamos a nuestra función pasándole un número, en este caso le pasamos un 2 por lo que devuelve 4.

```python
cuadrado = lambda x: x ** 2

print(cuadrado(2))
```

Función map

La función map aplica una función a cada elemento de una lista, devolviendo una lista de valores.

Por ejemplo, podemos utilizarla para calcular el cuadrado de una lista de números:

```python
def cuadrado(num):

        return num ** 2


numeros = [1, 2, 3, 4, 5]

cuadrados = map(cuadrado, numeros)
```

```
for i in cuadrados:

    print(i)
```

Tenemos una función que devuelve el cuadrado de un número y tenemos una lista de números, mediante la función map indicamos la función a utilizar y la lista de números, como vemos si ejecutamos el código nos devuelve una lista con el cuadrado de cada número.

Función filter

El funcionamiento de la función filter es similar al anterior, solo que en este caso la **función filter comprueba si a cada valor de la lista se cumple una condición**, devolviendo únicamente los valores que cumplan la condición establecida en nuestra función.

Tenemos este ejemplo en el cual comprobamos si cada número es par o no lo es, si es par la función filter lo guarda en nuestra nueva lista, si no es par no lo guarda (porque no cumple la condición de la función que pasamos a filter).

```
def es_par(num):

    return (num % 2.0 == 0)


numeros = [1, 2, 3, 4, 5]

pares = filter(es_par, numeros)
```

```
for i in pares:

    print(i)
```

Si ejecutamos este código, nuestra nueva lista pares solo contendrá los números 2 y 4.

Función reduce

La función reduce aplica una función a pares de elementos de una lista hasta dejarla en un solo valor, por ejemplo, podemos utilizarla para sumar todos los números de una lista de dos en dos.

```
from functools import reduce


def sumar(num1, num2):

    return num1 + num2


numeros = [1, 2, 3, 4, 5]

total = reduce(sumar, numeros)


print(total)
```

Veis una primera línea desconocida, no le hagáis caso por ahora, lo veremos más adelante, pero el motivo es que la función reduce está en el módulo functools desde Python 3, por lo que debemos importarla para poder usarla.

Este código **suma todos los valores de nuestra lista numeros** y nos devuelve el total, en este caso devuelve el número 15.

Funciones generadoras

Una función generadora **se utiliza para generar una lista de cualquier tipo**, en este ejemplo veremos una función generadora que genera números pares hasta un número máximo, el que nosotros le pasemos como argumento.

```python
def lista_pares(max):

    for numero in range(max+1):

        if numero % 2 == 0:

            yield numero


for numero in lista_pares(10):

    print(numero)
```

Tenemos nuestra función **lista_pares** que tiene un parámetro que es el número máximo hasta el cual generará números, un bucle que recorre cada número hasta el número máximo indicado y comprueba si es par.

La función **range** simplemente devuelve una lista entre el 0 y el número inferior al indicado, en este caso desde el 0 al 10, ya que le estamos pasando (10+1).

Mirad que no devolvemos el valor de la función con un return, lo devolvemos con **yield** que significa ceder.

En este caso hemos llamado a todos los elementos del generador con un bucle, pero realmente no es la función de un generador, un generador se suele utilizar para ir solicitando valores cuando se van requiriendo únicamente, ya que en todo nuestro código podemos solicitarle un valor cuando queramos y siempre nos devolverá el siguiente.

```
def lista_pares(max):

    for numero in range(max+1):

        if numero % 2 == 0:

            yield numero


lista = lista_pares(10)

print(next(Lista))

print(next(Lista))
```

Fijaos en este ejemplo, creamos un generador sobre **lista**, a continuación, podemos ir llamando iteraciones cuando las necesitemos mediante la **función next**, en este caso el primer print devuelve 0 y el segundo 2.

Pero debemos tener en cuenta que cuando el generador llegue a su fin, 10 en este caso devolverá un error si lo llamamos de nuevo.

```python
def lista_pares(max):

    for numero in range(max+1):

        if numero % 2 == 0:

            yield numero


lista = lista_pares(10)

print(next(lista))

print(next(lista))

print(next(lista))

print(next(lista))

print(next(lista))

print(next(lista))

print(next(lista))
```

Resultado:

0

2

4

6

8

10

Traceback (most recent call last):

    File "c:\Users\javip\Desktop\CursoPython\main.py", line 13, in <module>

        print(next(lista))

StopIteration

Funciones decoradoras

Las funciones decoradoras se utilizan sobre todo para depurar el código, son funciones que reciben una función como parámetro y devuelven otra función como resultado.

Vamos a crear una función para monitorizar cuando se llama a otra función:

```python
def monitor(funcion):

    def nueva_funcion(*args):

        print("Ejecutando funcion:", funcion._name_)

        return funcion(*args)

    return nueva_funcion
```

Esta función espera a otra función como parámetro, imprime el nombre de la función a la que vamos a monitorizar y devuelve la función original para ejecutarla normalmente.

En este caso la ponemos a prueba con una función que imprime la cadena de texto que le pasemos por pantalla.

```python
def monitor(funcion):

    def nueva_funcion(*args):

        print("Ejecutando funcion:", funcion._name_)

        return funcion(*args)

    return nueva_funcion


def imprimir(texto):

    print(texto)
```

```
monitor(imprimir)("Hola")
```

Para ejecutarla podemos hacerlo de esta manera, llamamos a la función decoradora pasando como argumento la función a monitorizar y a continuación especificamos la llamada con los parámetros a la función a ejecutar, pero esto no es útil ni cómodo para el trabajo del día a día.

De esta forma se consigue el mismo resultado, pudiendo activar y desactivar la función decoradora fácilmente:

```
def monitor(funcion):

    def nueva_funcion(*args):

        print("Ejecutando funcion:", funcion._name_)

        return funcion(*args)

    return nueva_funcion


@monitor

def imprimir(texto):

    print(texto)


Imprimir("Hola")
```

Activamos la función decoradora con @ antes de definir nuestra función.

11. Programación orientada a objetos

Como vimos anteriormente, Python es multiparadigma y permite la programación orientada a objetos (POO u OOP).

La programación orientada a objetos **es un paradigma** en que los conceptos del mundo real se modelan a través de clases y objetos sobre los que interactúa nuestro programa.

Clases y objetos

La base de la programación orientada a objetos, son los objetos, pero debemos diferenciar claramente que es un objeto y que es una clase.

Una clase **es la estructura de un objeto**, una plantilla a partir de la cual se instancian los objetos, es decir la plantilla que define los atributos y métodos del objeto, ahora lo verás mucho más claro con un ejemplo.

Un objeto es una entidad, agrupa estados y funcionalidades propias, los estrados se definen con variables llamadas atributos y las funciones con métodos del objeto.

Como ejemplo de clase tendríamos una clase llamada monedero, mi monedero y el tuyo seguro que tienen atributos y comportamientos comunes, por ello son la misma clase, pero probablemente no sean exactos, **tendremos diferente cantidad de dinero o serán de diferente marca y color**, esto es un objeto, mi propio monedero con sus cualidades particulares.

Definición de clase

En Python las clases se definen con la palabra **class** seguida del nombre que demos a la clase y terminada por dos puntos (:).

Vamos a crear la clase de nuestro monedero y vamos explicándola paso a paso:

```python
class monedero:

    def __init__(self,color,dinero):

        self.color = color

        self.dinero = dinero


    def sacar_dinero(self):

        if self.dinero > 0:

            self.dinero -= 1

            print("Queda ", self.dinero, " Eruos.")

        else:

            print("No queda dinero")


    def meter_dinero(self):

        self.dinero += 1

        print("Tienes ", self.dinero, " Euros.")
```

Primero **definimos la clase monedero** como ya hemos explicado, justo a continuación se crea el método __init__, se utiliza este nombre por convención y **se ejecuta automáticamente** cuando creemos un objeto de esta clase (lo veremos a continuación.), se utiliza para definir los valores iniciales del objeto.

Vemos que tiene tres parámetros (self,color,dinero):

- **self**: Hace referencia al propio objeto que creemos, siempre es el primer parámetro de un método de una clase, como veis cada vez que en la clase se hace referencia a algún atributo se utiliza el objeto self.
- **color**: Hemos creado el atributo color, para indicar un color a nuestro monedero (objeto).
- **dinero**: El dinero que tenemos en nuestro monedero.

En el método __init__ asignamos el valor del parámetro color al atributo color de nuestro objeto, igual con el parámetro y atributo dinero.

Posteriormente a definir los atributos dentro del __init__ **definimos los métodos de la clase** que necesitemos, en este caso hemos creado dos.

- **sacar_dinero**: Cada vez que se llama resta 1 de dinero (si tiene más de 0) e imprime por pantalla el dinero que queda en el monedero.
- **meter_dinero**: Cada vez que se llama suma 1 al moneder e imprime por pantalla el dinero que queda.

Crear un objeto

Para crear un objeto, o mejor dicho instanciar un objeto, simplemente escribimos el nombre que le daremos a nuestro

objeto y le asignamos la clase con los valores que espera el
__init__.

```python
class monedero:

    def __init__(self,color,dinero):

        self.color = color

        self.dinero = dinero


    def sacar_dinero(self):

        if self.dinero > 0:

            self.dinero -= 1

            print("Queda ", self.dinero, " Eruos.")

        else:

            print("No queda dinero")


    def meter_dinero(self):

        self.dinero += 1

        print("Tienes ", self.dinero, " Euros.")


mi_monedero = monedero("Negro", 10)
```

Aquí hemos creado un objeto llamado mi_monedero, de color
Negro y con 10 de dinero, como veis que __init__ esperaba
también self y no se lo hemos pasado, esto es porque el
argumento self se pasa siempre de forma automática, haciendo

referencia al objeto que estamos utilizando.

Ahora podemos jugar con nuestro objeto, por ejemplo, si queremos **leer el valor de un atributo** debemos escribir el nombre de mi_monedero seguido por punto y el nombre del atributo, aquí imprimirá **Negro**, el valor que tenía el atributo color:

```
print(mi_monedero.color)
```

Ahora vamos a **llamar al método sacar_dinero del objeto** del monedero para restar 1 de dinero:

```
mi_monedero.sacar_dinero()
```

El método se sigue de dos paréntesis, como si fuera una función, de echo si lo definimos en la clase podemos pasarle argumentos como hicimos con el método __init__.

Atributos dinámicos

Python es muy flexible, aquí otra prueba de ello, en un objeto ya definido **podemos añadir atributos que no están definidos** en la clase.

Vamos a añadir el atributo **estado** a nuestro objeto mi_monedero, pero recordamos que el objeto ya está creado y no tiene este atributo:

```python
class monedero:

    def _init_(self,color,dinero):

        self.color = color

        self.dinero = dinero


    def sacar_dinero(self):

        if self.dinero > 0:

            self.dinero -= 1

            print("Queda ", self.dinero, " Eruos.")

        else:

            print("No queda dinero")


    def meter_dinero(self):

        self.dinero += 1

        print("Tienes ", self.dinero, " Euros.")


mi_monedero = monedero("Negro", 10)


mi_monedero.estado = "Cerrado"


print(mi_monedero.estado)
```

Si ejecutáis este código funciona perfectamente, hemos añadido un nuevo atributo a nuestro objeto que no existía en la clase del cuál proviene.

12. Herencia

La herencia es la capacidad de una clase (subclase) de heredar atributos y métodos de otra clase (superclase).

La herencia es **muy útil cuando necesitamos clases diferentes pero que comparten gran similitud entre ellas,** por ejemplo, tenemos una tienda donde vendemos bicicletas y patines, entre ellos comparten precio, referencia interna, marca, pero la clase bicicleta tendrá número de marchas y los patines no, sin embargo, los patines tendrán número de ruedas y las bicicletas no.

Superclase

En estos casos lo primero que creamos es la superclase, la clase que comparte atributos y métodos.

Se crea como una clase normal y corriente, crearemos la clase producto:

```
class producto:

        def __init__(self,referencia,marca,precio):

                self.referencia = referencia

                self.marca = marca

                self.precio = precio
```

Subclase

La subclase es la clase hija, heredará los atributos y métodos de la superclase, ahora crearemos la subclase **bicicleta**, se crea como una clase normal, pero indicando entre paréntesis la superclase.

```
class producto:

    def _init_(self,referencia,marca,precio):

        self.referencia = referencia

        self.marca = marca

        self.precio = precio


class bicicleta(producto):

    marchas = ""


mi_bicileta = bicicleta(111,"Troy",19)

print(mi_bicicleta.referencia)


mi_bicicleta.marchas = 5

print(mi_bicicleta.marchas)
```

Como veis en este ejemplo **la subclase no tiene método _init_** por lo que inicializamos el objeto pasando como argumentos los valores de la superclase **producto**, si ponemos en método _init_ en la subclase, deberíamos pasar como argumentos los correspondientes a la subclase.

Como **solo podemos inicializar una u otra clase con datos** desde un primer momento, los atributos de la otra clase debemos darle valor posteriormente de iniciar el objeto, como hacemos con el atributo marchas en el ejemplo anterior.

Herencia múltiple

Una **subclase puede heredar de múltiples superclases**, vamos a verlo con un sencillo ejemplo.

```
class primera:

    def _init_(self):

        print("Primera clase")

    def primer_metodo(self):

        print("Método primera clase")


class segunda:

    def _init_(self):

        print("Segunda clase")

    def segundo_metodo(self):

        print("Método segunda clase")


class tercera(Primera, Segunda):

    def tercer_metodo(self):

        print("Metodo tercera clase")


sub_clase = tercera()

sub_clase.segundo_metodo()
```

Hemos creado la subclase **tercera**, la cual tiene como superclases las clases **primera** y **segunda**, vemos que hay dos métodos repetidos, los métodos __init__, pues cuando esto ocurre la subclase coge por defecto el de la superclase que tenga más a la izquierda en su definición, en este caso el de la clase **primera**.

Por lo que si ejecutamos el código imprimirá "Primera clase", ya que inicializa el __init__ de la clase **primera** y luego imprimirá "Método segunda clase" ya que lo estamos llamando desde la subclase.

13. Polimorfismo

Cuando hablamos de polimorfismo nos referimos a la habilidad de distintas clases de responder a un mismo mensaje a través de herencia.

En Python no tiene mucho sentido hablar de polimorfismo ya que al ser de tipado dinámico no tenemos restricciones, lo único que debemos conocer y saber cómo utilizar es la **sobrecarga de métodos**, que hace referencia a lo ya explicado en el capítulo anterior sobre herencia y prioridades de ejecución de métodos.

14.   Encapsulación

Cuando hablamos de encapsulación nos referimos a impedir el acceso a métodos de una clase desde fuera de la propia clase.

En Python **no existe ninguna instrucción para indicar que un método es privado**, es decir que solo se pueda llamar desde el interior de la propia clase, pero existe una forma de convertir un método en privado.

Para convertir un método de una clase en privado, el nombre del método debe comenzar con dos guiones bajos y no terminar con dos guiones bajos, por ejemplo __metodo_privado

Vamos a crear una clase con un método normal que llamaremos **metodo_publico** y uno privado que llamaremos __metodo_privado

```
class pruebas:

        def método_publico(self):

                print("Público")

        def __metodo_privado(self):

                print("Privado")


prueba_metodos = pruebas()

prueba_metodos.__ metodo_privado()
```

El método **metodo_publico** lo podemos llamar normalmente, pero si llamamos el __metodo_privado como en este ejemplo, recibimos el siguiente error:

Prueba_metodos._metodo_privado()

AttributeError: 'Pruebas' object has no attribute '_metodo_privado

Aunque realmente el método no es privado al 100%, cuando ponemos dos guiones bajos delante de un método lo que ocurre es que el método se renombra concatenándole el nombre de la clase al principio, por lo que si ejecutamos el siguiente código podemos llamar correctamente al método __metodo_privado.

```
class pruebas:

        def método_publico(self):

                print("Público")

        def _metodo_privado(self):

                print("Privado")


prueba_metodos = pruebas()

prueba_metodos._pruebas__metodo_privado()
```

15.   Métodos de las colecciones

Ya hemos visto algunos métodos utilizados en las colecciones durante la explicación de las mismas, pero ahora que conocemos sobre la programación orientada a objetos, vamos a profundizar en los métodos que tienen las colecciones.

Las explicaremos rápidamente ya que a estas alturas no deberéis tener problemas para entender su funcionamiento.

Métodos de las cadenas

Aunque las cadenas de texto son un tipo básico de datos y no una colección, tiene métodos interesantes que conviene conocer.

upper()

Devuelve la cadena en mayúsculas:

```
cadena = "Hola Mundo"

cadena = cadena.upper()

print(cadena)

#Resultado: HOLA MUNDO
```

lower()

Devuelve la cadena en minúscula:

```
cadena = "Hola Mundo"

cadena = cadena.lower()

print(cadena)

#Resultado: hola mundo
```

title()

Devuelve la cadena con el primer carácter de cada palabra en mayúscula:

```
cadena = "hola mundo"

cadena = cadena.title()

print(cadena)

#Resultado: Hola Mundo
```

capitalize()

Devuelve la cadena con el primer carácter en mayúscula:

```
cadena = "hola mundo"

cadena = cadena.capitalize()

print(cadena)

#Resultado: Hola mundo
```

count()

Devuelve el número de veces que aparece una cadena dentro de otra:

```
cadena = "hola mundo"

cadena = cadena.count("hola")

print(cadena)

#Resultado: 1
```

find()

Busca una cadena dentro de otra y devuelve el índice (la posición de carácter en que comienza la cadena dentro de la búsqueda), si no existe devuelve -1:

```
cadena = "hola mundo"

cadena = cadena.find("mundo")

print(cadena)

#Resultado: 5
```

rfind()

Igual a la anterior, pero devuelve el índice empezando por el final, es decir si encuentra varias coincidencias devuelve la que esté más a la derecha de la cadena:

```
cadena = "hola mundo mundo"

cadena = cadena.rfind("mundo")

print(cadena)

#Resultado: 11
```

isdigit()

Devuelve True si la cadena solo contiene números, False en caso contrario:

```
cadena = "195"

cadena = cadena.isdigit()

print(cadena)

#Resultado: True
```

isalnum()

Devuelve True si la cadena solo contiene caracteres alfanuméricos:

```
cadena = "195AAbg"

cadena = cadena.isalnum()

print(cadena)

#Resultado: True
```

isalpha()

Devuelve True si la cadena solo contiene caracteres alfabéticos:

```
cadena = "AAAgre"

cadena = cadena.isalpha()

print(cadena)

#Resultado: True
```

islower()

Devuelve True si la cadena está todo en minúsculas:

```
cadena = "aaabbfff"

cadena = cadena.islower()

print(cadena)

#Resultado: True
```

isupper()

Devuelve True si la cadena está todo en mayúsculas:

```
cadena = "AABBHH"

cadena = cadena.isupper()

print(cadena)

#Resultado: True
```

istitle()

Devuelve True si la primera letra de cada palabra está en mayúscula:

```
cadena = "Hola Mundo"

cadena = cadena.istitle()

print(cadena)

#Resultado: True
```

isspace()

Devuelve True si la cadena solo contiene espacios:

```
cadena = " "

cadena = cadena.isspace()

print(cadena)

#Resultado: True
```

startswith()

Devuelve True si la cadena empieza por una cadena dada:

```
cadena = "Hola Mundo"

cadena = cadena.startswith("Hola")

print(cadena)

#Resultado: True
```

endswith()

Devuelve True si la cadena acaba en una cadena dada:

```
cadena = "Hola Mundo"

cadena = cadena.endswith("Mundo")

print(cadena)

#Resultado: True
```

split()

Separa la cadena en subcadenas, dividiendo por espacios y creando una lista:

```
cadena = "Hola Mundo"

cadena = cadena.split()

print(cadena)

#Resultado: ['Hola', 'Mundo']
```

Podemos indicar el carácter que se utilizará pasa separar en lugar del espacio:

```
cadena = "Hola Mundo"

cadena = cadena.split("a")

print(cadena)

#Resultado: ['Hol', ' Mundo']
```

join()

Une todos los caracteres de una cadena mediante el carácter de unión indicado:

```
caracter = "-"

cadena = caracter.join("Hola Mundo")

print(cadena)

#Resultado: H-o-l-a- -M-u-n-d-o
```

strip()

Borra todos los espacios del inicio y del final de una cadena:

```
cadena = " Hola Mundo "

cadena = cadena.strip()

print(cadena)

#Resultado: Hola Mundo
```

Si queremos eliminar otro carácter en lugar de los espacios podemos indicarlo:

```
cadena = "---Hola-Mundo-"

cadena = cadena.strip("-")

print(cadena)

#Resultado: Hola-Mundo
```

Replace()

Reemplaza una subcadena de una cadena por otra:

```
cadena = "Hola Mundo"

cadena = cadena.replace("a","A")

print(cadena)

#Resultado: HolA Mundo
```

Métodos de las listas

Ahora vamos a ver los métodos para trabajar con las listas, algunos ya los hemos visto cuando explicamos las listas.

append()

Añade un elemento al final de la lista:

```
lista = [1, 2, 3, 4]

lista.append(5)

print(lista)

#Resultado: [1, 2, 3, 4, 5]
```

clear()

Vacía todos los elementos de la lista:

```
lista = [1, 2, 3, 4]

lista.clear()

print(lista)

#Resultado: []
```

extend()

Une una lista a otra lista:

```
lista = [1, 2, 3, 4]

lista2 = [5,6]

lista.extend(lista2)

print(lista)

#Resultado: [1, 2, 3, 4, 5, 6]
```

count()

Cuenta cuantas veces está un elemento en una lista:

```
lista = [1, 2, 3, 4, 4]

resultado = lista.count(4)

print(resultado)

#Resultado: 2
```

index()

Devuelve el índice de la lista donde se encuentra el elemento, si no se encuentra devuelve error:

```
lista = [1, 2, 3, 4, 4]

resultado = lista.index(2)

print(resultado)

#Resultado: 1
```

insert()

Añade un elemento a la lista en un índice especifico:

```
lista = [1, 2, 3, 4, 4]

lista.insert(2, 8)

print(lista)

#Resultado: [1, 2, 8, 3, 4, 4]
```

pop()

Extrae y borra el último elemento de la lista:

```
lista = [1, 2, 3, 4, 4]

extraido = lista.pop()

print(extraido)

print(lista)

#Resultado:

# 4

# [1, 2, 3, 4]
```

También podemos elegir el índice del elemento a extraer y borrar:

```
lista = [1, 2, 3, 4, 4]

extraido = lista.pop(1)

print(extraido)

print(lista)

#Resultado:

# 2

# [1, 3, 4, 4]
```

remove()

Borra el primer elemento de la lista que coincida con el valor que indicamos:

```
lista = [1, 2, 3, 4, 4]

lista.remove(4)

print(lista)

#Resultado: [1, 2, 3, 4]
```

reverse()

Invierte el orden de la lista:

```
lista = [1, 2, 3, 4, 4]

lista.reverse()

print(lista)

#Resultado: [4, 4, 3, 2, 1]
```

sort()

Ordena los elementos de una lista de menor a mayor:

```
lista = [1, 8, 3, 6, 4]

lista.sort()

print(lista)

#Resultado: [1, 3, 4, 6, 8]
```

Métodos de diccionarios

Ahora veremos que métodos podemos utilizar propios de diccionarios.

setdefault()

Permite añadir un elemento al diccionario:

```
diccionario = { 1:"Uno", 2:"Dos", 3:"Tres" }

diccionario.setdefault(4, "Cuatro")

print(diccionario)

#Resultado: {1: 'Uno', 2: 'Dos', 3: 'Tres', 4: 'Cuatro'}
```

clear()

Borra todos los registros del diccionario:

```
diccionario = { 1:"Uno", 2:"Dos", 3:"Tres" }

diccionario.clear()

print(diccionario)

#Resultado: {}
```

get()

Busca un elemento por su clave y devuelve su correspondiente valor:

```
diccionario = { 1:"Uno", 2:"Dos", 3:"Tres" }

resultado = diccionario.get(2)

print(resultado)

#Resultado: Dos
```

keys()

Genera una lista con las claves del diccionario:

```
diccionario = { 1:"Uno", 2:"Dos", 3:"Tres" }

resultado = diccionario.keys()

print(resultado)

#Resultado: dict_keys([1, 2, 3])
```

values()

Genera una lista con los valores del diccionario:

```
diccionario = { 1:"Uno", 2:"Dos", 3:"Tres" }

resultado = diccionario.values()

print(resultado)

#Resultado: dict_values(['Uno', 'Dos', 'Tres'])
```

items()

Genera una lista con clave y valor de los elementos del diccionario:

```
diccionario = { 1:"Uno", 2:"Dos", 3:"Tres" }

resultado = diccionario.items()

print(resultado)

#Resultado: dict_items([[(1, 'Uno'), (2, 'Dos'), (3, 'Tres')]])
```

pop()

Extrae un elemento del diccionario utilizando su clave y lo borra:

```
diccionario = { 1:"Uno", 2:"Dos", 3:"Tres" }

resultado = diccionario.pop(2)

print(resultado)

print(diccionario)

#Resultado:

# Dos

# {1: 'Uno', 3: 'Tres'}
```

Métodos de los conjuntos

Los conjuntos también disponen de sus propios métodos que debemos conocer.

add()

Añade un elemento al conjunto, si el elemento ya existe en el conjunto no hace nada, recordemos que los conjuntos no pueden tener elementos duplicados:

```
conjunto = {1, 2, 3}

conjunto.add(4)

print(conjunto)

#Resultado: {1, 2, 3, 4}
```

discard()

Elimina un elemento del conjunto:

```
conjunto = {1, 2, 3}

conjunto.discard(2)

print(conjunto)

#Resultado: {1, 3}
```

copy()

Devuelve una copia de un conjunto:

```
conjunto = {1, 2, 3}

conjunto_copia = conjunto.copy()

print(conjunto_copia)

#Resultado: {1, 2, 3}
```

clear()

Elimina todos los elementos de un conjunto:

```
conjunto = {1, 2, 3}

conjunto.clear()

print(conjunto)

#Resultado: set()
```

isdisjoint()

Compara dos conjuntos y devuelve True si no hay ningún elemento en común entre los dos conjuntos:

```
Conjunto_1 = {1, 2, 3}

conjunto_2 = {4, 5, 6}

resultado = conjunto_1.isdisjoint(conjunto_2)

print(resultado)

#Resultado: True
```

issubset()

Compara dos conjuntos y devuelve True si todos los elementos de un conjunto se encuentran dentro de otro conjunto:

Conjunto_1 = {1, 2, 3}

conjunto_2 = {1, 2, 3, 4}

resultado = conjunto_1.issubset(conjunto_2)

print(resultado)

#Resultado: True

issuperset()

Parecido al anterior, devuelve True si el conjunto tiene todos los elementos de otro conjunto:

Conjunto_1 = {1, 2, 3, 4, 5}

conjunto_2 = {1, 2, 3, 4}

resultado = conjunto_1.issuperset(conjunto_2)

print(resultado)

#Resultado: True

union()

Devuelve la unión de dos conjuntos:

```
conjunto_1 = {1, 2, 3}

conjunto_2 = {4, 5, 6}

resultado = conjunto_1.union(conjunto_2)

print(resultado)

#Resultado: {1, 2, 3, 4, 5, 6}
```

update()

Une un conjunto a otro en el mismo conjunto:

```
conjunto_1 = {1, 2, 3}

Conjunto_2 = {4, 5, 6}

conjunto_1.update(conjunto_2)

print(conjunto_1)

#Resultado: {1, 2, 3, 4, 5, 6}
```

difference()

Devuelve los elementos no comunes entre dos conjuntos:

```
conjunto_1 = {1, 2, 4}

conjunto_2 = {4, 5, 6}

resultado = conjunto_1.difference(conjunto_2)

print(resultado)

#Resultado: {1, 2}
```

difference_update()

Modifica el conjunto dejando únicamente los elementos no comunes entre ambos conjuntos:

```
conjunto_1 = {1, 2, 4}

conjunto_2 = {4, 5, 6}

conjunto_1.difference_update(conjunto_2)

print(conjunto_1)

#Resultado: {1, 2}
```

intersection()

Devuelve los elementos comunes entre dos conjuntos:

```
conjunto_1 = {1, 2, 4}

conjunto_2 = {4, 5, 6}

resultado = conjunto_1.intersection(conjunto_2)

print(resultado)

#Resultado: {4}
```

intersection_update()

Modifica el conjunto dejando únicamente los elementos comunes entre ambos conjuntos:

```
conjunto_1 = {1, 2, 4}

conjunto_2 = {4, 5, 6}

conjunto_1.intersection_update(conjunto_2)

print(conjunto_1)

#Resultado: {4}
```

symmetric_difference()

Devuelve todos los elementos diferentes entre los dos conjuntos:

```
conjunto_1 = {1, 2, 4}

conjunto_2 = {4, 5, 6}

resultado = conjunto_1.symmetric_difference(conjunto_2)

print(resultado)

#Resultado: {1, 2, 5, 6}
```

16.   Funciones estándar

En Python disponemos de muchas funciones estándar que utilizaremos mucho para programar en el día a día, veremos algunas de las más utilizadas.

input()

La función input bloquea la ejecución de nuestro programa esperando que introduzcamos datos con el teclado, continua cuando pulsamos Enter, capturando la información obtenida como cadena de texto, en este ejemplo introducimos Hola:

```
entrada = input()

print(entrada)

#Resultado: Hola
```

type()

Ya la vimos anteriormente, devuelve el tipo de dato que le pasemos:

```
print(type(5))

#Resultado: <class 'int'>
```

int()

Convierte una cadena a número entero, en el caso que los caracteres que incluya la cadena lo permitan:

```
resultado = int("5")

print(type(resultado))

#Resultado: <class 'int'>
```

float()

Convierte una cadena a número flotante, en el caso que los caracteres que incluya la cadena lo permitan:

```
resultado = float("5.8")

print(type(resultado))

#Resultado: <class 'float'>
```

str()

Transforma cualquier tipo de dato posible a cadena:

```
resultado = str(5.8)

print(type(resultado))

#Resultado: <class 'str'>
```

abs()

Devuelve el valor absoluto de un número:

```
resultado = abs(-5)

print(resultado)

#Resultado: 5
```

round()

Redondea un número flotante a número entero:

```
resultado = round(5.8)

print(resultado)

#Resultado: 6
```

len()

Devuelve la longitud de una colección o de una cadena:

```
resultado = len("Hola Mundo")

print(resultado)

#Resultado: 10
```

eval()

Evalúa una cadena como si fuera una expresión:

```
resultado = eval("5 + 2")

print(resultado)

#Resultado: 7
```

17.   Errores y excepciones

Los errores y excepciones son conceptos diferentes, **un error detiene el programa** e impide que siga ejecutándose, sin embargo, si los controlamos con excepciones el código seguirá, **una excepción no detiene el programa**, cuando salta una excepción el programa continúa ejecutándose si el error lo tenemos controlado.

Tipos de errores

Cuando Python genera un error llega acompañado de un código, el cual indica la causa que ha generado dicho error, vamos a ver los más comunes, es importante conocerlos para detectar el fallo de nuestra aplicación cuando los vemos.

Error de sintaxis

Se identifican con el código **SyntaxError**, un error que verás mucho aparece cuando el código está mal escrito o estructurado, por ejemplo, nos dejamos un paréntesis sin cerrar o no hemos estructurado bien las tabulaciones en Python.

```
print "Hola Mundo"
```

#Consola:

    File "c:\Users\javip\Desktop\CursoPython\main.py", line 1

    print "Hola Mundo"

                ^

SyntaxError: Missing parentheses in call to 'print'. Did you mean print("Hola Mundo")?

Error de nombre

Se identifican con el código **NameError**, el error se produce cuando Python no reconoce el nombre de una función o un método por estar mal escrito o por no existir.

```
noexisto("Hola Mundo")
```

#Consola:

    File "c:\Users\javip\Desktop\CursoPython\main.py", line 1, in <module>

        noexisto("Hola Mundo")

NameError: name 'noexisto' is not defined

Error semántico

Hay diversos tipos de errores semánticos, ocurren cuando queremos realizar alguna acción no permitida por algún motivo, por ejemplo por tipos de datos incompatibles, en este caso vemos el error **ValueError**, que ha ocurrido por pasar una cadena de texto a la función int(), la cual no es posible convertir a tipo numérico por su contenido.

```
int("Hola Mundo")
```

```
#Consola:

    File "c:\Users\javip\Desktop\CursoPython\main.py", line 1,
    in <module>

        int("Hola Mundo")
ValueError: invalid literal for int() with base 10: 'Hola Mundo'
```

Excepciones

Los errores se controlan y capturan con excepciones en nuestro código, para prevenir y evitar errores de ejecución, algo muy común es pedir a un usuario que introduzca un número por consola, si el usuario introduce una cadena de texto y el error no está controlado fallará nuestra aplicación.

Veamos este ejemplo, pedimos a un usuario que introduzca un número para elevarlo al cuadrado, el usuario sin embargo introduce una cadena de texto, por lo que se detiene el programa a causa de un error:

```
def cuadrado(num):

    return int(num) ** 2


print(cuadrado(input()))


#Consola:

    File "c:\Users\javip\Desktop\CursoPython\main.py", line 4,
    in <module>

        print(cuadrado(input()))

    File "c:\Users\javip\Desktop\CursoPython\main.py", line 2,
    in cuadrado

        return int(num) ** 2

ValueError: invalid literal for int() with base 10: 'hola'
```

Podemos capturarlo como excepción y así devolver un error controlado por consola, sin parar la ejecución del programa, se realiza mediante los bloques try – except.

try – except

Con los **bloques try – except** capturamos el error, el funcionamiento es simple, si no ocurren errores dentro del bloque try el programa continúa normalmente, si dentro del bloque try se produce algún error el programa ejecuta el contenido del bolque except.

Siguiendo el ejemplo anterior, veamos que ocurre ahora cuando introducimos una cadena de texto:

```python
def cuadrado(num):

    try:

        return int(num) ** 2

    except:

        print("Ha ocurrido un error")


print(cuadrado(input()))


#Consola:

Ha ocurrido un error
```

else

Podemos añadir un **bloque else**, el bloque else se ejecuta siempre que no haya errores dentro del try, en nuestro caso debemos cambiar el código para poder llegar al else, ya que la función termina en el return si todo ha ido bien:

```python
def cuadrado(num):

    try:

        print(int(num) ** 2)

    except:

        print("Ha ocurrido un error")

    else:

        print("Todo OK")


cuadrado(input())


#Consola:

25

Todo OK
```

finally

Podemos añadir un bloque más, el **bloque finally** se ejecuta siempre, ocurran o no errores:

```python
def cuadrado(num):

    try:

        print(int(num) ** 2)

    except:

        print("Ha ocurrido un error")

    else:

        print("Todo OK")

    finally:

        print("Terminado")


cuadrado(input())


#Consola:

25

Todo OK

Terminado
```

Excepciones múltiples

Podemos tener varios tipos de excepciones y **podemos controlarlas de forma independiente**, lo primero veremos que podemos capturar el tipo de excepción y utilizarla:

```
def cuadrado(num):

    try:

        print(int(num) ** 2)

    except Exception as exp:

        print("Ha ocurrido un error: ", type(exp)._name_)


cuadrado(input())


#Consola:

Ha ocurrido un error: ValueError
```

Como vemos imprimimos en pantalla el tipo de error que teníamos al pasar una cadena de texto a nuestra función int().

Pero aún podemos controlarlo más, podemos ejecutar un except u otro dependiendo del tipo de error que se produzca:

```python
def cuadrado(num):

    try:

        print(int(num) ** 2)

    except ValueError:

        print("Error: Se ha introducido una cadena de texto")

    except Exception as exp:

        print("Ha ocurrido otro error: ", type(exp)._name_)


cuadrado(input())


#Consola:

Error: Se ha introducido una cadena de texto
```

En este caso si el error es de tipo ValueError se ejecutará el código preparado para este error, si el error es otro tipo se ejecutará el except Exception, **podemos poner tantos except como queramos** con códigos de error diferentes.

Crear excepciones

Otra opción interesante es que **podemos crear nuestras propias excepciones** mediante la instrucción raise.

Por ejemplo, queremos crear una excepción si el usuario introduce el número 5:

```python
def cuadrado(num):

    try:

        if int(num) == 5:

            raise ValueError

    except ValueError:

        print("Error: Se ha introducido el número 5")

    except Exception as exp:

        print("Ha ocurrido otro error: ", type(exp)._name_)


cuadrado(input())


#Consola:

Error: Se ha introducido el número 5
```

En este caso si el usuario introduce el número 5 entra en el if, al entrar se genera un error de tipo ValueError, el cual captura el siguiente except, **podemos crear cualquier tipo de error con raise** y utilizarlo como cualquier error generado automáticamente por la aplicación.

18.   Listas por comprensión

Las listas por comprensión es una **funcionalidad avanzada** que podemos implementar en la creación de nuestras listas en Python, todo sobre la misma línea de código.

Se ve muy fácil con un ejemplo sencillo, tenemos una lista de 10 números, queremos elevarlos todos al cuadrado e incluirlos en otra lista, la solución común sería realizarlo mediante un bucle externo a la lista, pero en Python podemos hacerlo directamente cuando creamos la lista de la siguiente forma:

```
lista = [1, 2, 3, 4, 5, 6, 7, 8, 9, 10]

lista_cuadrado = [num ** 2 for num in lista]

print(lista_cuadrado)

#Resultado: [1, 4, 9, 16, 25, 36, 49, 64, 81, 100]
```

Como veis se puede utilizar un for para iterar sobre cualquier lista y efectuar alguna acción antes de guardar en la nueva lista.

También **podemos añadir una condición**, por ejemplo, en este caso solo incluimos en la nueva lista los números menores de 5:

```
lista = [1, 2, 3, 4, 5, 6, 7, 8, 9, 10]

lista_cuadrado = [num for num in lista if num < 5]

print(lista_cuadrado)

#Resultado: [1, 2, 3, 4]
```

Podemos incluso **anidar varias listas**:

```
lista = [1, 2, 3, 4, 5, 6, 7, 8, 9, 10]

lista_cuadrado = [num ** 2 for num in

                    [num for num in lista if num < 5]]


print(lista_cuadrado)

#Resultado: [1, 4, 9, 16]
```

Las opciones son infinitas, te animo a investigar con las listas, puedes anidar varios for para hacer maravillas, parece complejo, pero la mejor forma de entenderlas en practicando con ellas y descubriendo su potencial.

19.   Módulos y paquetes

Los módulos son archivos que permiten introducir funciones y clases dentro de ellos para tener nuestro código organizado, posteriormente podemos llamar a estas funciones y clases desde cualquier parte de nuestro código, los paquetes son agrupaciones de módulos.

En este apartado veremos cómo crear módulos, como crear paquetes, como exportar los paquetes para distribuirlos y como importar paquetes en nuestra instalación de Python.

Módulos

Para crear un nuevo módulo no tenemos más que **crear un archivo terminado en .py** dentro de nuestro proyecto, para ello pulsamos en VSCode con el botón derecho sobre la barra lateral de exploración y sobre nuevo archivo, veremos que directamente aparece para que escribamos el nombre del archivo, le pondremos de nombre mimodulo.py.

Ahora tendremos en nuestro explorador el archivo main.py (en el cual seguiremos escribiendo nuestra aplicación principal) y el nuevo archivo mimodulo.py en el cual incluiremos las funciones de ejemplo.

Ahora pulsaremos sobre el archivo mimodulo.py para abrirlo en VSCode, veremos que en la cabecera del editor tenemos la pestaña llamada mimodulo.py, la seleccionamos y escribimos dentro del archivo una función, guardamos el archivo a continuación pulsando CTR+S o en File -> Save, si lo tienes en castellano Archivo -> Guardar.

El archivo **mimodulo.py** debe quedar con el siguiente contenido:

```
def uno():

    print("Uno")
```

Ahora volvemos a nuestra aplicación principal, pulsamos sobre la pestaña main.py y lo primero es importar nuestro nuevo módulo para poder utilizarlo, para ello escribimos lo siguiente en nuestro main.py:

```
import mimodulo
```

Esta instrucción formada por import + nombre del módulo hace que tengamos disponible dentro de nuestro programa principal el contenido del módulo mimodulo.py.

Para ejecutar una función de nuestro módulo desde nuestro archivo main.py debemos escribir el nombre del módulo seguido de punto y del nombre de la función:

```
import mimodulo

mimodulo.uno()
```

Pero podemos comprobar que es incómodo estar escribiendo el nombre del módulo cada vez que utilicemos una función, existe otra forma de importar desde el módulo y **utilizar las funciones sin escribir el nombre del módulo:**

```
from mimodulo import *

uno()
```

El asterisco hace referencia a que se importará todo el contenido del módulo.

También podemos **importar una clase o función de nuestro módulo** sin tener que importarlo entero, para ello escribimos la función o clase en lugar del asterisco:

```
from mimodulo import uno

uno()
```

Paquetes

Como hemos visto en los módulos, deben de estar en la misma carpeta del main.py o del archivo principal sobre el que estemos trabajando, esto se soluciona con los paquetes, **los paquetes nos permiten organizar los módulos en carpetas.**

Vamos a crear una carpeta desde nuestro explorador de VSCode llamada mipaquete, dentro de mipaquete crearemos dos carpetas más, una llamada numerouno y otra llamada numerodos.

Adicionalmente moveremos nuestro archivo mimodulo.py dentro de la carpeta numerouno y dentro de la carpeta numerodos crearemos un archivo llamado mimodulodos.py

Pero aquí no acaba todo, para utilizar módulos dentro de carpetas (paquetes), debemos escribir un archivo vacío llamado __init__.py (fijaos bien que tiene dos guiones bajos delante de init y otros dos guiones bajos detrás) dentro de cada carpeta, de esta forma Python interpreta que tenemos una jerarquía de archivos.

Debemos quedarnos con la siguiente **estructura de archivos:**

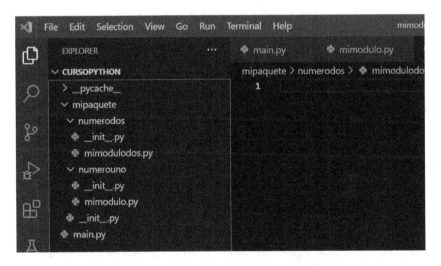

La carpeta __pycache__ la crea nuestro proyecto automáticamente, todo lo que hace es que nuestro programa se ejecute un poco más rápido, son versiones compiladas de nuestro código, la podemos ignorar y dejarla ahí.

Ahora debemos escribir el contenido de nuestro nuevo módulo mimodulodos.py, escribiremos otra función dentro de él llamada dos():

```
def dos():

    print("Dos")
```

Por lo que tenemos nuestro módulo mimodulo.py que contiene la función uno() y nuestro módulo mimodulodos.py que contiene la función dos().

Para **importar los módulos de un paquete** a nuestro archivo principal main.py y utilizar nuestros módulos se realiza de forma similar a cuando importamos un módulo que tenemos en la misma ruta, salvo que ahora devemos escribir la ruta completa separando las carpetas y módulo por puntos, en este ejemplo importamos el módulo mimodulo.py y llamamos a la función Uno(), para ello escribimos en nuestro main.py:

```
from mipaquete.numerouno.mimodulo import *

uno()
```

¿Pero siempre tenemos que estar creando la estructura de carpetas para utilizar en diferentes proyectos? Para nada, ahora **vamos a aprender a distribuir los paquetes y a instalar los paquetes en nuestra instalación de Python**, de esta forma podemos utilizar los paquetes sin necesidad de incluirlos en nuestros proyectos.

Distribución de paquetes

Lo primero es **crear un archivo llamado setup.py** en la raiz principal de nuestro proyecto, en el mismo sitio que tenemos nuestro archivo main.py.

```
from setuptools import setup

setup(

        name="mipaquete",

        version="1.0",

        description="Mi paquete de ejemplo",

        author="Javier Portales",

        author_email="hey@javierportales.com",

        url="https://javierportales.com",

        packages=['mipaquete','mipaquete.numerouno','mipaquete.n
        umerodos']

)
```

El contenido no tiene mucho que explicar, poned vuestros datos y en packages escribir el nombre de la carpeta y las subcarpetas como veis en el ejemplo y guardar el archivo.

Ahora vamos a la terminar de VSCode, donde vemos los resultados del código Python (también podemos hacerlo desde el CMD de Windows), escribimos lo siguiente:

```
python setup.py sdist
```

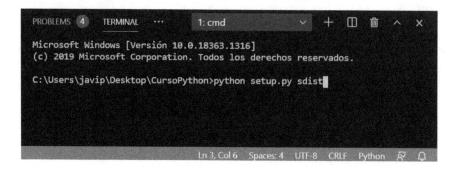

Ahora veremos que se nos ha creado una **nueva carpeta en el explorador llamada dist** y dentro tenemos nuestro paquete comprimido, este fichero es nuestro paquete para distribuir si queremos darlo a otra persona para que se lo instale.

Ahora **vamos a instalar nosotros mismos nuestro paquete**, para ello desde la misma terminal escribimos pip install seguido del nombre de nuestro paquete (el nombre del archivo del interior de la carpeta dist):

```
pip install dist\mipaquete-1.0.tar.gz
```

Hay que instalarlo desde la carpeta donde lo tengamos, como yo lo tenía en la carpeta dist la he tenido que indicar delante del nombre del paquete, si habéis seguido los pasos igual deberéis de indicar la carpeta delante como he hecho yo.

Ahora podremos usar nuestro paquete desde cualquier nuevo proyecto de Python que creemos sobre nuestra instalación.

Es posible que queramos desinstalar un paquete, pues bien, lo primero es mirar los paquetes que tenemos instalados, para ello escribimos en nuestra consola:

```
pip3 list
```

Nos mostrará un listado con los paquetes instalados, entre ellos el nuestro llamado mipaquete, para desinstalarlo simplemente escribimos:

```
pip uninstall mipaquete
```

Nos pedirá confirmación, si pulsamos y se desinstalará.

20.   Ficheros de texto

En esta sección vamos a aprender a crear, escribir y leer en ficheros de texto.

Ahora entraremos en detalles, pero haz de saber que el funcionamiento básico es igual al que tu harías al utilizar un fichero de texto, Python abre el fichero, escribe o lee y cierra el fichero.

Hablaremos mucho del puntero, **el puntero es igual a la línea de inserción de cualquier editor de texto** (la barra que parpadea y te indica donde estas escribiendo), con la peculiaridad que no "empuja" el texto a la derecha al escribir, si escribes con Python en un lugar donde ya había texto se sobrescribe.

Crear y escribir un fichero

Lo primero que debemos hacer para trabajar con ficheros
es importar el módulo io, iremos viendo ejemplos y explicando.

```python
from io import *

#Texto a incluir en nuestro fichero

texto = "Primera linea\nSegunda linea\nTercera linea"


#Creamos el fichero

fichero = open("mifichero.txt", "w")


#Escribimos el texto guardado en la variable texto

fichero.write(texto)


#Cerramos el fichero

fichero.close()
```

Importamos el módulo io, posteriormente guardamos en una
variable el texto que vamos a incluir en nuestro fichero, verás "\n",
significa un retorno de carro, es decir un salto de línea, así cada
vez que escribamos \n estamos escribiendo en una nueva línea.

Creamos el fichero de texto con la función open, a la cual pasamos
como argumentos el nombre que le daremos al fichero y el modo
en que abriremos el fichero, el modo "w" es modo de escritura (sin

lectura), por lo que ahora mismo no podremos leer del fichero.

Cuando abrimos un fichero con **el modo "w" lo crea si no existe y si existe lo sobrescribe**, así que cuidado.

Ahora tenemos nuestro fichero en la variable llamada fichero, **con el método write escribimos** todo el texto en nuestro fichero, pasando como argumento el texto a escribir, en este caso la variable texto.

Lectura de ficheros

Si queremos **leer nuestro fichero sin cerrarlo debemos abrirlo con el modo "w+"**, que es de lectura y escritura, también crea el fichero si no existe y si existe lo sobrescribe.

```python
from io import *


#Texto a incluir en nuestro fichero

texto = "Primera linea\nSegunda linea\nTercera linea"


#Creamos el fichero

fichero = open("mifichero.txt", "w+")


#Escribimos el texto guardado en la variable texto

fichero.write(texto)


#Ponemos el puntero al inicio del fichero

fichero.seek(0)


#Leemos el fichero

lectura = fichero.read()


#Imprimimos el fichero

print(lectura)


#Cerramos el fichero

fichero.close()
```

Aquí vemos algo nuevo, **el método seek()**, tras escribir en nuestro fichero el puntero está al final del fichero, por lo que no podemos seguir leyendo hacia delante, con el método seek(0) colocamos el puntero al inicio del fichero, el 0 lo ponemos modificar por la posición en que queremos poner el puntero.

Posteriormente utilizamos el método read(), lo que hace es **leer el fichero entero**, lo guardamos en una variable para después imprimirlo por pantalla.

Ahora vamos a ver como **leer una única línea del fichero:**

```python
from io import *


#Texto a incluir en nuestro fichero

texto = "Primera linea\nSegunda linea\nTercera linea"


#Creamos el fichero

fichero = open("mifichero.txt", "w+")


#Escribimos el texto guardado en la variable texto

fichero.write(texto)


#Ponemos el puntero al inicio del fichero

fichero.seek(0)


#Leemos el fichero

lectura = fichero.readline()


#Imprimimos el fichero

print(lectura)


#Cerramos el fichero

fichero.close()
```

El **método readline()** lee una única línea del fichero, en el ejemplo anterior, la imprimimos posteriormente.

Aquí veremos **la función readlines()**, lee todas las líneas del fichero y las devuelve en una lista, una línea por elemento de la lista, podemos tratarlas con un bucle for in:

```python
from io import *

#Texto a incluir en nuestro fichero
texto = "Primera linea\nSegunda linea\nTercera linea"

#Creamos el fichero
fichero = open("mifichero.txt", "w+")

#Escribimos el texto guardado en la variable texto
fichero.write(Texto)

#Ponemos el puntero al inicio del fichero
fichero.seek(0)

#Leemos el fichero
lectura = fichero.readlines()

#Imprimimos las lineas del fichero
for linea in Lectura:
print(linea)

#Cerramos el fichero
fichero.close()
```

Obtenemos una lista normal, por lo que podemos tratarla como cualquier lista, imprimiendo una única línea indicando su índice, si así lo necesitamos:

```
print(lectura[0])
```

Modos de apertura

Ahora nos quedan por ver los diferentes modos de apertura de ficheros, por ahora hemos visto el modo "w" y "w+", existen otros modos para abrir los archivos en binario, los cuales no explicaremos.

Expondré el modo: tipo de apertura y ubicación del puntero al abrir el fichero.

- **w:** Solo escritura, crea el archivo si no existe, sobrescribe el archivo si existe, el puntero se encuentra al inicio del archivo.
- **w+:** Modo lectura y escritura, crea el archivo si no existe, sobrescribe el archivo si existe, el puntero se encuentra al inicio del archivo.
- **r:** Modo lectura, el puntero se encuentra al inicio del archivo.
- **r+:** Modo lectura y escritura, el puntero se encuentra al inicio del archivo.
- **a:** Modo añadir, crea el archivo si no existe, el puntero se encuentra al final del archivo si existe o al inicio del archivo si este no existe.
- **a+:** Modo añadir y lectura, crea el archivo si no existe, el puntero se encuentra al final del archivo si existe o al inicio del archivo si este no existe.

21. Bases de datos

Las bases de datos quedan fuera de alcance de este curso, pero es necesario conocer como trabajar con bases de datos desde Python, por lo que explicaremos lo básico sobre lenguajes de base de datos para poder seguir el curso, aunque no conozcas nada de SQL (lenguaje utilizado por las bases de datos relacionales).

Para este curso **utilizaremos la base de datos SQLite3**, es una base de datos que no necesita instalación y está embebida en nuestro programa directamente, su funcionamiento es similar a todas las bases de datos relacionales así que la usaremos por su simplicidad para el contenido de este curso.

¿Qué es una base de datos?

Si no conoces nada sobre bases de datos necesitas una breve explicación, muy resumido una base de datos relacional, la que utilizaremos en este curso, es un sistema de organización y guardado de datos.

En una base de datos se crean tablas, cada columna tiene un nombre y se van insertando registros en las tablas, puedes asemejarlo a un archivo Excel.

Estos registros se pueden leer, modificar o eliminar.

Un ejemplo sería una tabla con dos columnas, una llamada NOMBRE y otra llamada APELLIDOS, para guardar personas, cada registro que incluyamos en ella correspondería a una persona.

Por supuesto esta explicación es muy resumida y no se acerca a la complejidad de una base de datos, pero se escapa del alcance del curso y con esto nos basta para continuar.

Conectar SQLite3 desde Python

Lo primero que debemos hacer es importar el módulo sqlite3 y abrir una conexión a la base de datos desde Python, para ello utilizamos el método connect() pasando como argumento el nombre que tendrá nuestra base de datos, si no existe crea una nueva.

Siempre debemos cerrar la conexión cuando terminemos con el método close().

```
from sqlite3 import *


#Creamos conexión

conexion = connect("mibd.db")


#Cerramos conexión

conexion.close()
```

Cuando ejecutemos el código anterior se nos crea un nuevo archivo dentro de nuestro proyecto, llamado mibd.db, este archivo es la base de datos.

Ejecutar consultas en base de datos

Ya estamos conectados a la base de datos, ahora debemos ejecutar consultas SQL sobre ella para trabajar, las consultas se ejecutan con el método execute() del cursor, pasando como argumento la consulta que queramos ejecutar.

Cuando lanzamos una consulta no se guarda directamente, **debemos guardar los cambios con el método commit() o deshacerlos con el método rollback()**, debemos usar siempre uno de los dos trás ejecutar una SQL, de lo contrario la tabla de la base de datos se quedará bloqueada.

Crear tabla

Vamos a **crear nuestra tabla de personas**, una tabla que llamaremos PERSONAS y tendrá las columnas NOMBRE y APELLIDOS.

Lo primero es **obtener el cursor**, sobre él se llama el método execute() al que pasaremos como argumento la consulta que crea la tabla PERSONAS:

```
from sqlite3 import *


#Creamos conexión

conexion = connect("mibd.db")


#Creamos cursor

cursor = conexion.cursor()


#Creamos la tabla PERSONAS si no existe

cursor.execute("CREATE TABLE IF NOT EXISTS PERSONAS (NOMBRE
VARCHAR(64), APELLIDOS VARCHAR(64))")


#Guardamos cambios

conexion.commit()


#Cerramos conexión

conexion.close()
```

La consulta SQL desglosada:

- **CREATE TABLE:** Instrucción para crear una tabla
- **IF NOT EXISTS:** Crea la tabla solo si no existe
- **PERSONAS:** Nombre que vamos a dar a la tabla
- **(NOMBRE VARCHAR(64), APELLIDOS VARCHAR(64)):** Las dos columnas a crear, una se llamará NOMBRE y será de tipo VARCHAR con 64 caracteres de

tamaño, la otra columna se llamará APELLIDOS y tendrá las mismas características

Insertar registros

Ya tenemos nuestra tabla, ahora vamos a **insertar tres registros** en ella:

```
from sqlite3 import *

#Creamos conexión

conexion = connect("mibd.db")

#Creamos cursor

cursor = conexion.cursor()

#Insertamos tres registros

cursor.execute("INSERT INTO PERSONAS (NOMBRE, APELLIDOS) VALUES ('Javier', 'Portales')")

cursor.execute("INSERT INTO PERSONAS (NOMBRE, APELLIDOS) VALUES ('Antonio', 'Pruebas')")

cursor.execute("INSERT INTO PERSONAS (NOMBRE, APELLIDOS) VALUES ('Ana', 'Morena')")

#Guardamos cambios

conexion.commit()

#Cerramos conexión

conexion.close()
```

Consulta SQL desglosada:

- **INSERT INTO PERSONAS:** Instrucción para insertar un registro en la tabla PERSONAS
- **(NOMBRE, APELLIDOS):** Columnas en las que insertaremos los datos
- **VALUES:** Indica que posteriormente pasaremos los datos a registrar
- **('Javier', 'Portales'):** Datos a insertar en un registro, en el mismo orden que las columnas de los paréntesis anteriores

Consultar registros

Vamos a consultar los registros que tenemos en la tabla PERSONAS, el método fetchall() devuelve una lista con todos los registro que se obtengan con la consulta en el método execute() lanzada anteriormente.

```python
from sqlite3 import *

#Creamos conexión

conexion = connect("mibd.db")

#Creamos cursor

cursor = conexion.cursor()

#Insertamos tres registros

cursor.execute("SELECT * FROM PERSONAS")

personas = cursor.fetchall()

#Guardamos cambios

conexion.commit()

#Cerramos conexión

conexion.close()

print(personas)

#Resultado: [('Javier', 'Portales'), ('Antonio', 'Pruebas'), ('Ana',
'Morena')]
```

Como vemos devuelve una lista y cada elemento de la lista es una tupla, que corresponde a cada registro de la tabla.

Consulta SQL desglosada:

- **SELECT:** Indica que vamos a seleccionar registros de una tabla
- ***:** Indica que queremos seleccionar todas las columnas
- **FROM PERSONAS:** Indica que queremos seleccionar la tabla PERSONAS

La lista devuelta la podemos tratar como cualquier lista, por ejemplo, con dos bucles anidados podemos extraer nombres y apellidos:

```
from sqlite3 import *

#Creamos conexión

conexion = connect("mibd.db")

#Creamos cursor

cursor = conexion.cursor()

#Insertamos tres registros

cursor.execute("SELECT * FROM PERSONAS")

personas = cursor.fetchall()

#Guardamos cambios

conexion.commit()

#Cerramos conexión

conexion.close()

for registro in personas:

        print("Nombre: ", registro[0], " Apellidos: ", registro[1])


#Resultado:

Nombre: Javier Apellidos: Portales

Nombre: Antonio Apellidos: Pruebas

Nombre: Ana Apellidos: Morena
```

Pero puede darse el caso que nuestra tabla tenga demasiados registros y no queramos extraerlos todos, para eso se utiliza la cláusula WHERE, no pondré todo el código ya que será el mismo modificando la consulta del execute():

SELECT * FROM PERSONAS WHERE NOMBRE LIKE '%Javi%'

En este caso solo nos devuelve el registro Javier Portales.

Consulta SQL desglosada:

- **WHERE:** Indica que escribiremos condiciones de búsqueda
- **NOMBRE:** Campo por el que buscar
- **NOMBRE LIKE '%Javi%':** Indica que buscaremos cualquier registro que contenga la subcadena Jav en la columna NOMBRE

Es **sensible a mayúsculas**, por lo que nos obliga a escribir exactamente el texto con las mismas mayúsculas y minúsculas que este registrado en la base de datos, para solucionarlo utilizamos la función UPPER() que convierte todo el texto a mayúsculas.

SELECT * FROM PERSONAS WHERE UPPER(NOMBRE) LIKE
UPPER('%Javi%')

Por último, veremos que podemos **buscar por dos campos simultáneos**, utilizando el condicional AND y OR, funcionan igual que los condicionales en Python:

SELECT * FROM PERSONAS WHERE UPPER(NOMBRE) LIKE
UPPER('%Javi%') AND UPPER(APELLIDOS) LIKE UPPER('%por%')

En este caso solo devuelve los registros que coincidan el campo

NOMBRE y APELLIDOS con lo indicado en la SQL.

Eliminar registros

Existirán ocasiones que debamos borrar algún registro de nuestra tabla, se hace con la cláusula DELETE:

```
from sqlite3 import *

#Creamos conexión

conexion = connect("mibd.db")

#Creamos cursor

cursor = conexion.cursor()

#Insertamos tres registros

cursor.execute("DELETE FROM PERSONAS WHERE
UPPER(NOMBRE) = UPPER('Antonio') AND UPPER(APELLIDOS) =
UPPER('Pruebas')")

#Guardamos cambios

conexion.commit()

#Cerramos conexión

conexion.close()
```

Aquí solo cambiamos el SELECT * por DELETE, adicionalmente hemos cambiado los LIKE por =, ya que LIKE selecciona patrones y = selecciona únicamente si el registro es exacto, acabamos de eliminar a Antonio de la tabla PERSONAS.

Modificar registros

Modificar registros es muy común, vamos a modificar el nombre de Ana por Anita, para ello utilizamos la cláusula UPDATE:

```
from sqlite3 import *

#Creamos conexión

conexion = connect("mibd.db")

#Creamos cursor

cursor = conexion.cursor()

#Insertamos tres registros

cursor.execute("UPDATE PERSONAS SET NOMBRE = 'Anita' WHERE
UPPER(NOMBRE) = UPPER('Ana') AND UPPER(APELLIDOS) =
UPPER('Morena')")

#Guardamos cambios

conexion.commit()

#Cerramos conexión

conexion.close()
```

Consulta SQL desglosada:

- **UPDATE PERSONAS:** Indica que vamos a actualizar registros de la tabla PERSONAS
- **SET NOMBRE = 'ANITA':** Indica la columna que vamos a modificar y el nuevo valor que vamos a registrar
- **WHERE ...:** Selección del / los registros a modificar, mismo funcionamiento que ya hemos visto

Podemos **modificar varias columnas** separándolas por comas:

UPDATE PERSONAS SET NOMBRE = 'Anita', APELLIDOS = 'Moreno'
WHERE UPPER(NOMBRE) = UPPER('Ana') AND UPPER(APELLIDOS)
= UPPER('Morena')

Con este contenido sobre consultas SQL tenemos suficiente para las aplicaciones que daremos en este curso de Python, por supuesto que queda muchísimo que aprender sobre lenguaje SQL, pero ya tienes las bases.

22.   Documentación

Vamos a dar un repaso a la documentación en Python, cuando escribimos código ya vimos que podemos insertar comentarios para tener el código explicado, pues bien, en las funciones, clases, módulos y paquetes además se puede introducir documentación, también **llamadas docstrings**.

Documentar funciones

Una función se puede documentar escribiendo una cadena con triple comillas en su primera línea:

```
def hola():

        """"Esta función escribe Hola Mundo"""

        print("Hola Mundo")


help(hola)
```

Y para ver la documentación se utiliza la función help(), pasando como argumento el nombre de la función, el resultado sería:

```
Help on function hola in module _main_:


hola()
        Esta función escribe Hola Mundo
```

Documentar clases

Las clases y sus métodos se documentan igual que las funciones:

```python
class saludos:

        """Clase para generar saludos"""

        def _init_(self):

                """Este método no hace nada"""

        def Hola(self):

                """Este método imprime Hola"""

                print("Hola")


help(saludos)
```

Resultado:

Help on class saludos in module __main__:

class saludos(builtins.object)

| Clase para generar saludos

|

| Methods defined here:

|

| Hola(self)

| Este método imprime Hola

|

| __init__(self)

| Este método no hace nada

Documentar módulos

Para los módulos debemos poner la cadena en la primera línea del archivo .py y llamar con help() al nombre del módulo.

Archivo prueba.py (el módulo):

```
"""Modulo de funciones"""


def uno():

        """Función imprime uno"""

        print("Uno")
```

Archivo main.py (programa principal):

```
import prueba


help(prueba)
```

Resultado:

```
Help on module prueba:

NAME

        prueba - Modulo de funciones


FUNCTIONS

        uno()

                Función imprime uno


FILE

        c:\users\javip\desktop\cursopython\prueba.py
```

Documentar paquetes

¿Recordáis cuando vimos los paquetes que el archivo __init__.py debía estar vacío? Pues es una verdad a medias, para documentar un paquete se escribe la cadena en la primera línea del inicializador __init__.py

Archivo __init__.py del paquete:

```
"""Este paquete es para un curso"""
```

Archivo main.py (programa principal):

```
import mipaquete


help(mipaquete)
```

Resultado:

```
Help on package mipaquete:

NAME

        mipaquete - Este paquete es para un curso

PACKAGE CONTENTS

        numerodos (package)

        numerouno (package)

FILE

        c:\users\javip\desktop\cursopython\mipaquete\__init__.py
```

23. Test de pruebas

Todo programa que se precie debe llevar incorporado test de pruebas automáticos para evitar errores, en Python existen varias herramientas de testing, una de ellas es **Doctest**, de muy fácil implementación basado en las docstrings.

Definir una prueba

Los test **se implementan dentro de las funciones**, con Doctest se identifican con el símbolo ">>>", cuando en la documentación de una función vemos este símbolo, es código que se ejecuta hasta llegar a una línea en blanco o finalizar la cadena docstrings.

Vamos a ver un ejemplo sencillo, tenemos una función que multiplica dos números y queremos comprobar que multiplica correctamente, dentro de la docstring definimos una prueba con el resultado que debe mostrar:

```
def multiplicar(num_1, num_2):

    """ Esta función multiplica dos números y devuelve el
    resultado

    >>> multiplicar(2, 2)

    4

    """

    return num_1 * num_2
```

Vemos como llamamos a la función dentro del docstring con >>> pasando dos valores como argumento, en la línea de abajo ponemos el resultado que debe devolver la función, en este caso 4.

Cuando ejecutamos los test, la función se ejecuta y compara que el resultado sea el indicado por nosotros.

Este es uno de los motivos por el cual las funciones no deben estar dentro de nuestro código principal y **deben estar en un módulo**, si lo tuviéramos en nuestro código se ejecutaría siempre que se lance el programa (aunque lo podemos controlar de otras formas, mediante algún parámetro, por ejemplo).

Lo ideal es tener nuestra función en un módulo, en este caso la meteremos en nuestro módulo mimodulo.py, y le añadiremos una condición para que solo se ejecuten las pruebas si lanzamos directamente nuestro archivo mimodulo.py, si lanzamos cualquier otro módulo que importa a este no se lanzará.

Esto lo hacemos con un if que pase el control únicamente si estamos lanzando el módulo directamente, por lo que nuestro código quedaría así:

```python
def multiplicar(num_1, num_2):

    """ Esta función multiplica dos números y devuelve el
    resultado

    >>> multiplicar(2, 2)

    4

    """

    return num_1 * num_2


if __name__ == "__main__":

    from doctest import *

    testmod()
```

Entonces tenemos la condición que hace ejecutarse los test únicamente si llamamos al archivo directamente, dentro de ella **importamos el módulo doctest y llamamos a la función** testmod() que es la encargada de ejecutar el test.

Si ejecutamos este archivo directamente, podemos hacerlo desde VSCode como cualquier otro, no ocurre nada, porque se cumple la prueba correctamente y no tiene errores.

Pero si ahora ponemos que el resultado debe ser 3 nos genera un error que nos muestra en la consola, ya que 2 * 2 no es 3 y no se cumple el resultado con lo indicado por nosotros:

```
def multiplicar(num_1, num_2):

    """ Esta función multiplica dos números y devuelve el
    resultado

    >>> multiplicar(2, 2)

    3

    """

    return num_1 * num_2


if __name__ == "__main__":

    from doctest import *

    testmod()
```

Resultado:

File
"c:\Users\javip\Desktop\CursoPython\mipaquete\numerouno\mim
odulo.py", line 3, in _main_.multiplicar

Failed example:

    multiplicar(2, 2)

Expected:

    3

Got:

    4

****
*

1 items had failures:

    1 of 1 in _main_.multiplicar

Test Failed 1 failures.

Podemos indicar **tantas pruebas como deseemos dentro del docstrings** de una función para comprobar automáticamente todas las casuísticas posibles, obviamente en una función como esta no tiene mucho sentido incluir más pruebas, pero puede darse el caso de una función grande que realice diferentes procesos dependiendo de la entrada de datos y debamos probar varias casuísticas.

24.   Debug

Cuando tenemos programas con muchas líneas de código es posible que nos de errores y no sepamos de donde procede, para ello los IDE incluyen un proceso que se llama debug (depurar), también hay herramientas específicas, pero con la incluida por VSCode disonemos de ello muy cómodamente y nos ofrece todo lo necesario.

Un proceso de debug **consiste en poner puntos de parada a nuestro código**, para ir comprobando que esté haciendo el programa, si pensamos que nuestro código no está multiplicando bien en una función podemos poner el punto de parada dentro de la misma, ofreciendo el debug información de que valor tiene cada variable en ese momento, etc.

Como debuggear con VSCode

Para depurar un código con VSCode es muy sencillo, simplemente marcamos puntos de parada pinchando con el ratón a la izquierda de los números de línea y vemos que se marca un punto rojo, en este punto se parará la aplicación al ejecutarse, estos puntos se llaman Breakpoint y podemos poner tanto como queramos.

Un ejemplo muy sencillo para entenderlo, en nuestra función Multiplicar le pasamos dos números y ponemos un breakpoint en el return, para comprobar que valor tienen las variables.

Para ejecutar el Debug vamos a Run -> Start Debugging o pulsamos F5, nos pedirá el tipo de debug y seleccionamos "Python File".

Vemos que el programa se ha detenido en nuestro breakpoint y nos muestra en la barra lateral izquierda el valor que tiene nuestras variables, de esta forma podemos ir controlando lo que va haciendo todo nuestro código, introduciendo breakpoints.

Arriba en el centro vemos unos nuevos controles, con el botón azul de "play" (continúe) podemos ir avanzando al siguiente breakpoint y si es el último finaliza la ejecución del programa, también podemos detenerlo con el botón rojo cuadrado (stop).

25. Interfaz gráfica con Tkinter

Hasta ahora todo lo que hemos realizado eran programas que se ejecutaban mediante una consola, ahora vamos a dar un paso más y crear programas con interfaz gráfica, con ventanas para interactuar con él.

Para ello vamos a utilizar el **módulo de Python Tkinter**, un módulo que nos permite crear aplicaciones gráficas con Python.

La raíz Tk()

Lo primero que necesitamos es **importar el módulo Tkinter** y crear una ventana, esto es la raíz, para lo cual utilizaremos la función Tk(), será el contenedor de toda nuestra aplicación, aquí irán todos los widgets.

A la raíz siempre se le añade un bucle infinito, ya que una vez abrimos la aplicación siempre debe estar esperando órdenes.

```
from tkinter import *


#Creamos raíz

ventana = Tk()


#Bucle de aplicación

ventana.mainloop()
```

Si ejecutamos el código tendremos una ventana vacía:

Ahora le pondremos un título a nuestra ventana principal con el método title() y la marcaremos para que no se pueda modificar su tamaño con el método resizable(0,0), si pusiéramos resizable(1,1) podríamos agrandar la ventana con el ratón en ambos ejes.

Especificaremos su tamaño en pixeles con el método geometry() y el color de fondo con el método config().

```
from tkinter import *

#Creamos raíz

ventana = Tk()

ventana.resizable(0,0) #Impedimos redimensionar la ventana

ventana.geometry("250x300") #Tamaño por defecto

ventana.config(bg="white") #Color de fondo

ventana.title("Mi Aplicación") #Titulo de ventana


#Bucle de aplicación

ventana.mainloop()
```

Etiqueta Label()

Las etiquetas o Label, nos permiten **crear texto estático** generalmente, para mostrarlo en nuestra aplicación.

Para ello debemos añadir crear un Label pasando como argumentos la raíz (ventana) y el texto a mostrar, luego la incluimos en nuestra ventana con la función grid(), la función grid() dispone los elementos como si fuera una tabla, indicando como parámetros la fila y columna de la tabla para maquetar los elementos de nuestra ventana.

```python
from tkinter import *

#Creamos raíz
ventana = Tk()
ventana.resizable(0,0) #Impedimos redimensionar la ventana
ventana.geometry("250x300") #Tamaño por defecto
ventana.config(bg="white") #Color de fondo
ventana.title("Mi Aplicación") #Titulo de ventana

#Cremos label
etiqueta = Label(Ventana, text = "Mi primera etiqueta")
etiqueta.grid(row=0, column=0)

#Bucle de aplicación
ventana.mainloop()
```

La etiqueta tiene color de fondo por defecto, por lo que vamos a **especificarle el mismo color de fondo que la raíz** y además aumentaremos el tamaño de letra, también pondremos las letras verdes y añadiremos un margen para que no aparezca pegada al borde, porque no:

```
from tkinter import *


#Creamos raíz

ventana = Tk()

ventana.resizable(0,0) #Impedimos redimensionar la ventana

ventana.geometry("250x300") #Tamaño por defecto

ventana.config(bg="white") #Color de fondo

ventana.title("Mi Aplicación") #Titulo de ventana


#Cremos label

etiqueta = Label(Ventana, text = "Mi primera etiqueta")

etiqueta.grid(row=0, column=0)

etiqueta.config(bg="white", #Color de fondo

            fg="green", #Color de letras

            font=("Arial", 12),#Tipo y tamaño de letra

            padx=10, pady=10) #Margenes


#Bucle de aplicación

ventana.mainloop()
```

Un detalle a tener en cuenta porque es de mucha utilidad, **podemos modificar el texto de la etiqueta** durante la ejecución del programa en "caliente", esto se hace creando una variable de tipo StringVar() y asignándola a nuestra etiqueta, el

188

label mostrará en cada momento el valor de esta variable:

```
from tkinter import *
#Creamos raíz
ventana = Tk()
ventana.resizable(0,0) #Impedimos redimensionar la ventana
ventana.geometry("250x300") #Tamaño por defecto
ventana.config(bg="white") #Color de fondo
ventana.title("Mi Aplicación") #Titulo de ventana
#Variable label
texto_etiqueta = StringVar()
texto_etiqueta.set("Hola")
#Cremos label
etiqueta = Label(Ventana, text = "Mi primera etiqueta")
etiqueta.grid(row=0, column=0)
etiqueta.config(bg="white", #Color de fondo
                fg="green", #Color de letras
                font=("Arial", 12),#Tipo y tamaño de letra
                padx=10, pady=10, #Margenes
                textvariable= texto_etiqueta) #Texto variable

#Bucle de aplicación
ventana.mainloop()
```

Fijaos que hemos creado una variable StringVar() y con el método set() le hemos dado un nuevo valor, posteriormente la hemos añadido en el método config() de nuestro label mediante textvariable.

Para ver bien estos cambios escribid el código y ejecutarlo vosotros mismos, es la mejor forma de aprender e ir notando las diferencias.

Campo de texto Entry()

Es posible que nuestro programa requiera que se introduzca texto manualmente, pues esto se hace con el widget Entry.

Desde ahora quitaremos el color de fondo, para poder ver bien las diferencias de los elementos que ponemos, ya que sobre fondo blanco cuesta más diferenciarlos, dejaremos el color por defecto.

```python
from tkinter import *

#Creamos raíz

ventana = Tk()

ventana.resizable(0,0) #Impedimos redimensionar la ventana

ventana.geometry("250x300") #Tamaño por defecto

ventana.title("Mi Aplicación") #Titulo de ventana


#Variable de captura de texto

captura = StringVar()


#Cremos campo de texto

entrada = Entry(Ventana)

entrada.grid(row=0, column=0)

entrada.config(textvariable=captura)


#Bucle de aplicación

ventana.mainloop()
```

Fijaos lo que hemos realizado, lo primero **se ha creado una variable captura de tipo StringVar()**, esta variable es para capturar los datos introducidos en el campo de texto, posteriormente en el config del campo de texto (variable entrada) hemos especificado que textvariable es captura, esto hará que guardemos en esta variable lo introducido en el campo de texto, pero para poder utilizarlo debemos conocer los botones, vamos a ello.

Botón Button()

Los botones tienen poco que explicar, son botones, que podemos asociar a una funcionalidad, se definen mediante el widget Button.

Vamos a continuar con el ejemplo anterior, crearemos un botón y lo colocaremos a la derecha de nuestro campo de texto, con la función grid() le especificaremos la columna 1 (la anterior era 0).

```python
from tkinter import *


#Creamos raíz

ventana = Tk()

ventana.resizable(0,0) #Impedimos redimensionar la ventana

ventana.geometry("250x300") #Tamaño por defecto

ventana.title("Mi Aplicación") #Titulo de ventana


#Variable de captura de texto

captura = StringVar()


#Cremos campo de texto

entrada = Entry(Ventana)

entrada.grid(row=0, column=0)

entrada.config(textvariable=captura)


#Creamos botón

boton = Button(ventana, text="AQUI")

boton.grid(row=0, column=1)


#Bucle de aplicación

ventana.mainloop()
```

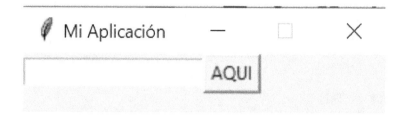

Aquí tenemos nuestro botón, pero si lo pulsamos no hace nada, y un botón debe hacer algo.

Bien, pues vamos a hacer que nuestro botón pinte a su derecha lo que escribamos en el campo de texto de la izquierda.

Para ello debemos crear un label que esté a la derecha del botón, una función que modifique el contenido del label con el texto de la caja y hacer que nuestro botón llame a la función.

```python
from tkinter import *


def copiar():

        """Lo obtenido por Captura lo pasamos a Resultado"""

        resultado.set(captura.get())


#Creamos raíz

ventana = Tk()

ventana.resizable(0,0) #Impedimos redimensionar la ventana

ventana.geometry("250x300") #Tamaño por defecto

ventana.title("Mi Aplicación") #Titulo de ventana
```

```python
#Variable de captura de texto

captura = StringVar()

#Variable de resultado

resultado = StringVar()


#Cremos campo de texto

entrada = Entry(ventana)

entrada.grid(row=0, column=0)

entrada.config(textvariable=captura) #El texto se guarda en Captura


#Creamos botón

boton = Button(ventana, text="AQUI", command=copiar) #Llama a
copiar

boton.grid(row=0, column=1)


#Cremos label

etiqueta = Label(ventana, text = "")

etiqueta.grid(row=0, column=2)

etiqueta.config(textvariable=resultado) #Se muestra el texto de
resultado


#Bucle de aplicación

ventana.mainloop()
```

Mirad lo que hemos conseguido, Hemos creado un label que muestra la etiqueta resultado, hemos creado un campo de texto que guarda el texto en la etiqueta captura y hemos creado un botón que llama a la función copiar().

La función copiar simplemente captura con get() el contenido de la variable captura (el texto escrito en nuestro campo) y pasa el valor a la variable resultado con set().

Como observáis no es necesario pasar estos valores como parámetros a la función.

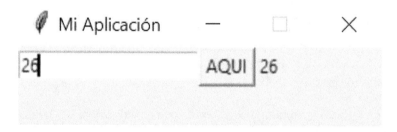

Pero queda un poco feo todo pegado, vamos a dar un poco de forma, crearemos un título que ocupará dos columnas y bajaremos el resultado alineado a la izquierda:

```python
from tkinter import *


def copiar():

        """Lo obtenido por Captura lo pasamos a Resultado"""

        resultado.set(captura.get())


#Creamos raíz

ventana = Tk()
```

```
ventana.resizable(0,0) #Impedimos redimensionar la ventana

ventana.geometry("170x90") #Tamaño por defecto

ventana.title("Mi Aplicación") #Titulo de ventana


#Captura de texto

captura = StringVar()

#Impresión de texto

resultado = StringVar()


#Cremos campo de texto

entrada = Entry(ventana)

entrada.grid(row=1, column=0)

entrada.config(textvariable=captura) #El texto se guarda en captura


#Creamos botón

boton = Button(ventana, text="AQUI", command=copiar) #Llama a
copiar

Boton.grid(row=1, column=1)


#Label de resultados

etiqueta = Label(ventana, text = "")

etiqueta.grid(row=2, column=0, sticky="w") #En la tercera fila y
alineado a la izquierda
```

```
etiqueta.config(textvariable=resultado) #Se muestra el texto de
resultado


#Etiqueta de título

etiqueta2 = Label(ventana, text = "REPETIDOR")

etiqueta2.grid(row=0, column=0, columnspan=2) #Ocupando dos
columnas


#Bucle de aplicación

ventana.mainloop()
```

Aquí aparecen dos conceptos nuevos dentro del grid(), aparece columnspan en el título, esta instrucción expande la celda ocupando tantas columnas como indiquemos en el número. Aunque no lo hemos utilizado también existe rowspan que expande las celdas hacía abajo, en filas.

El otro concepto que que aparece es sticky, esta instrucción alinea el contenido de la celda donde le indiquemos, en este caso la hemos alineado a la izquierda con "w" para que el resultado aparezca pegado a la izquierda de su celda. Tiene como opciones "w" (izquierda), "e" (derecha), "n" (arriba), "s" (abajo).

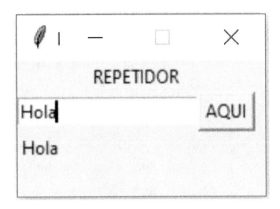

Solo hemos rozado la superficie de todo lo que podemos conseguir con Tkinter, ya que daría para un curso completo exclusivamente hablando de él, pero con esto abrimos las puertas a crear pequeñas aplicaciones gráficas y que sirva como entrada al módulo Tkinter.

26. Crear ejecutable .exe

Ya podemos crear programas en Python incluso con interfaz gráfica, pero lo ejecutamos desde la consola, aquí aprenderemos a crear un programa .exe el cuál podemos dar a otra persona para que lo utilice cómodamente en cualquier PC con Windows.

Para crear archivos .exe desde Python lo hacemos con Pyinstaller, aquí todo se hace por consola, bien en el CMD de Windows o bien en la consola de VSCode que viene a ser lo mismo.

Instalación de pyinstaller

Lo primero es instalar pyinstaller ya que no lo tenemos por defecto, para ello escribimos en la consola de VSCode:

```
pip install pyinstaller
```

Empezará a descargar paquetes hasta concluir la instalación.

Creación de .exe

Ahora estando en la misma ruta que nuestro programa, tu archivo .py que desees pasar a .exe (main.py en mi caso), ejecutamos lo siguiente (en la consola):

```
pyinstaller --windowed --onefile main.py
```

La opción –windowed se utiliza para que no aparezca la consola detrás al ejecutar el programa .exe, si el programa es de uso en consola hay que quitar este comando, si estamos ejecutando un programa con interfaz gráfica (Tkinter) lo dejamos puesto.

El comando –onefile es para que nos cree un solo archivo, si lo quitamos nos crea una carpeta con más archivos que deberemos tenerlos junto al .exe para ejecutarlo.

Ahora se nos ha creado una carpeta llamada dist con nuestro programa .exe dentro, podemos ejecutarlo y ver como se abre en cualquier PC.

Opcionalmente podemos cambiar el icono de nuestro programa .exe, para ello debemos añadir un comando adicional al momento de generarlo:

```
pyinstaller --windowed --onefile --icon=./dibujo.ico main.py
```

El comando –icon= seguido de la ruta + nombre de una imagen, la imagen debe estar en formato .ico

27.   ¿Y ahora qué?

Has terminado este libro, pero ahora comienza el verdadero camino, tienes las bases para seguir aprendiendo y formándote en el apasionante mundo de Python.

Pon en práctica todo lo aprendido para crear tus propios proyectos, crea programas que puedan ser útiles en tu día a día, es la mejor forma de motivarte para continuar.

Webs de interés

Mi web: https://javierportales.com

Web oficial de Python: https://www.python.org/

Secreto

Python esconde un secreto, escribe el siguiente código y ¡ejecuta tu programa!

```
import this
```